王勝忠老師 的

說話課

帶領孩子說得更好、更有自信
在課堂中學習，在生活中實踐

全面提升
口語表達能力的 40 堂課

真誠推薦

宋怡慧 丹鳳高中圖書館主任、暢銷書作家

林彥佑 教育部中央團語文輔導員

鄭立德 談判溝通超業培訓師

王勝忠 / 著

王勝忠老師的全方位指導說話課

　　拜讀了勝忠老師的新書大作，我馬上跟目前剛上小二的兒子說：「太棒了！爸爸幫你找到一本可以大大增強口語表達力的好書，到時我們一起好好研讀喔。」他小一的時候，在班上選拔「說故事比賽」代表時，敗給一位女同學。雖然他有較豐富的肢體動作，逗趣的表情，但據他描述，對方的口齒清晰，字正腔圓，他因為有些緊張，就有點大舌頭，而且感覺對方比較有自信，果然代表班上拿到全校第三名。因此，我迫不急待地想讓兒子好好從這本書中學習成長，充分練習，增加自信，好捲土重來，努力爭取代表班上出賽的機會。

　　要如何帶領孩子說得更好，更有自信，在生活中學習，在課堂中實踐呢？勝忠老師的這本大作，是所有望子成龍成鳳的家長手上必備的一本好書；也是所有對自己有些期盼，希望增進口語表達，說故事技巧，甚至是溝通能力的學子們，應該要好好閱讀，並每天

身體力行的一本有趣有用，寓教於樂的教科書；甚至對於社會新鮮人、職場上班族而言，這都是一本能夠讓自己專業精進，更受矚目和歡迎，不可多得的教戰手冊！雖然我們成年人已經沒法參加「模範生選舉政見發表」，不需要再參加「升學考試口試應答」。但無論選總統或選里長；職場中的工作、晉升、專業簡報、競標搶 case 或是參賽面試，漫漫人生路不可或缺的，就是你我的口語表達及溝通說服力。

　　這本書最特別的就是封面上的五個大字：「全方位指導」。書中不僅詳細說明「溝通表達的基本功」：正向思考、傾聽、同理、讚美、提問、省思、回饋……教你如何跟人打招呼、如何透過說話以理服人、所謂「逢人減歲，見物加價」的說話藝術；更囊括了當前正紅最牛的：YouTuber，Podcast 播客、TikTok、 ChatGPT等社交行銷工具，無一漏掉，娓娓道來，教你如何善用科技，掌握人性，保有溝通表達最重要的溫度，好好說話，好好做人。

　　書中更詳述了勝忠老師多年來在學校課堂上實

際操作的活動，包括：「假如我是校長」、「自我介紹」、「記者工作初體驗」、「主播報新聞」、「小小說書人」、「活動司儀」、「才藝表演主持人」、「跳蚤市場物品推銷」、「演講比賽」、「順口溜」、「課文朗讀」、「分組報告」、「口說作文」、「我是小老師」、「語詞接龍」，讓學生親身體驗，學習成長。不禁令人感嘆：當他的學生真幸福啊！

除此之外，如果你想知道：如何說服爸媽買手機給你？如何讓客戶不要再殺價殺到骨折？年薪千萬的房仲經理人的聰明說話術？也千萬別錯過這本好書喔。你看，是不是真的很全方位？

總而言之，本書有「三多四好」：

「三多」是：故事多，趣味多，工具方法多。相信一定能幫助你擁有「四好」：好人緣，好口才，好機會，好人生。趕快去買這本好書，好好閱讀並實踐在：學習，工作和生活中吧，我們一起加油。

推薦序・教育部中央團語文輔導員 林彥佑老師

　　說話，人人會說，但如何把話說得好、說得美、說得動聽，就是一種藝術了。很開心我的好朋友勝忠老師，再度將自己的教學、行政經驗，撰寫成書，這是繼之前關於教師甄試用書、寫作專書之後，再一本聚焦於語文面向—口語表達技巧的書。尤其在這幾年，我們大量強調閱讀與寫作的今天，說話已經慢慢被忽略掉了，但這不代表說話能力不重要，而是代表當你擁有這種能力時，你將比別人多一份競爭力。

　　就以我們大多數為師者的經驗，我常認為，說話確實是重要的，然而在課堂上，往往因為趕課或急著補充課程內容給孩子，所以老師們只好不停地說，卻也因此剝奪了孩子說話的機會。所幸這本書的出現，再度讓我們意識到說話的重要，也藉此提醒，務必要讓孩子多說、師長少說。這本書，總共分成四個章節，第一章從日常生活中切入，第二章提升到口語能力的實用性；第三章則談論到面對群眾的自信養成，第四章回歸到課堂與創新教學的實作練習。

我本身就極度重視孩子的口語表達能力，因此看到這本書的誕生，深感欣慰。它不只是老師的工具書，也是家長培養自己孩子的閱讀書，更是孩子們想自主學習、鍛鍊口語力的最佳寶典。勝忠老師見識廣，談起口語表達更具說服力，相信閱讀本書之後，大小朋友們也會有滿滿的說話能量。

說話能力的培養，如果能從小就開始，那麼就能把握黃金學習階段，讓孩子自然而然熟悉說話的技巧，並在生活中不斷的練習，不管是課堂學習討論，或是代表學校參加校外演說，或是朗讀相關的比賽都一定能有所表現，並從中獲得成就感。

　　回首教學生涯，筆者創造了許多多元的學習機會，讓孩子有機會主動的開口與人互動，不管是在班上擔任小老師協助指導同學，或者代表班上競選全校模範生，抑或是擔任學校古蹟導覽隊解說員，都讓學生有許多額外的口語表達練習機會，也因此學生們畢業後在國高中的學習，都幫自己爭取了表現的舞台，對於往後的升學與求職都有大大的助益，讓自己可以透過優異的口語表能力在眾人之中脫穎而出。不管是學測申請入學，或者是進入職場參與面試，都能因為口語表達能力佳，侃侃而談，應對有據，讓教授與主考官認同與肯定。

　　順應著教育政策，以及素養導向教學的教改潮

流，筆者認為教育應該不一樣，不管在學校，或是在家裡；不管是課堂上，或在生活中，都應該讓學生有更多的說話機會，藉此來幫助學生建構更優質的口語表達能力。因此，身為教學現場第一線的教師的我，將過往的臨床教學經驗透過文字書寫來分享給大家，並就口語表達技巧與說話能力的培養該怎麼做，以終為始，化為一篇一篇的文章，讓老師及家長們可以參照，據以指導孩子在課堂上與生活中逐漸發展自己的口說能力。筆者深知表達力是未來的競爭力，我自己不斷鑽研口語表達能力的提升，也嘗試各種口語表達學習，秉持著沒有最好，只有更好的精神，在生活中持續實踐，期待自己能夠精益求精，讓自己成為稱職的教學者外，也期待可以幫助學生學得更好。

我將口語表達課程的學習在生活中及課堂裡可以怎麼做的具體教學活動寫下來，讓師長們可以參考，更鼓勵可以帶領著孩子在課堂中學習，在生活中實踐，體現口語表達能力學習的真諦，期待師長們可以在課堂教學與日常生活中嘗試相關的教學活動，帶領著孩子說得更好，說得更有自信，讓自己成為口語表達能力優異的學習者。

目 錄 · CONTENT

PART 1 \15

探索日常互動的溝通

PART 2 \71

提升口語表達的能力

PART 1

探索日常互動的溝通

日常生活中的溝通表達，

就是學習把話說好的最佳練習機會，

舉凡打招呼，或是與人溝通互動，

只要是能開口說話，

我們都必須好好把握機會練習。

01

有話好好說：
談日常溝通表達

　　「一句話可以讓你笑，也可以讓你跳。」這是在說，話如果說得好可以為你帶來好的反應，獲得好人緣，甚至得到好的結果；反之，會讓聽你說話的人暴跳如雷，甚至反目成仇，由此可知，說話是門藝術，把話說好更是生活中不可或缺的基本能力。

　　至於如何把話說好呢？如同前述，這是門學問，值得我們終身學習，用一輩子的時間來探究，但可以確信的是，把話說好一定可以為自己帶來好處，值得我們好好學習。

　　其實，在生活中就可以學習好好說話，日常生活中的溝通表達就是學習把話說好的最佳練習時機，舉

凡打招呼，或是與人溝通互動，只要是能開口說話，我們都必須好好把握機會練習。

　　每天日常的與人打招呼互動，我們可以嘗試練習，不同的語氣與表情所帶來的反應與回饋如何？同樣一句「早安」、「哈囉」，有人說來輕鬆寫意，伴隨著笑容，有人卻是心不甘情不願的說出「你好」，一來一往，都可以感受到其中的不同。如果可以在每天的打招呼過程中，給自己加一點自我提醒，告訴自己，日常生活中的打招呼是為自己帶來好人緣的重要關鍵，則會認真的練習，從眼神的交會，到話語開口的口氣與聲量，都值得仔細推敲，日復一日滾動修正，再加上看看身旁的人們是如何與人打招呼，就可以明白其中的奧秘。

　　生活中就有許多值得我們學習的對象，進入汽車銷售展間，迎面而來的銷售接待人員笑臉迎人，詢問有哪些需要協助的地方，主動積極，展現笑容，誠懇表現令人激賞，他們的溝通表達就是我們可以學習說話及與人互動的部分。但，如果不就說話與日常溝通表達多所關注的話，則可能會為自己的學習表現或是

工作評價上帶來反效果，例如，曾經有一次某大樓的社區物業管理櫃台人員對於住戶在互動上有些疏忽，沒有把住戶的名字牢記不打緊，連一句基本的「某某先生／某某小姐您好，請問您需要什麼服務呢？」都不說，縱使住戶只是要拿自己的掛號信件，也會對於物管接待人員的態度與話語有深刻的印象，長久下來就會給人不好的觀感。

另外，有位朋友分享他們社區有個車道警衛大哥，每天接觸社區一兩百人，在車道口送往迎來，仔細記住每位住戶的姓名，在住戶上班開車出門時主動打招呼，「某某先生您好，開車路上小心」，對於每位住戶都是用這樣的態度來服務，久而久之就形成了口碑，後來大樓住戶群組裡，住戶們異口同聲，直呼這位物管接待人員的態度好，服務佳，就是這簡單不過的日常溝通表達的重視，為自己帶來了口碑與肯定。

日常溝通表達有多種方式，而說話是最基本，且是最直接的方式，話說得好，好處多多；話沒有好好說，則會為自己帶來麻煩，不可不慎。在此，我要鼓勵與期許大家可以在日常溝通中仔細聆聽對方的話

語，並且適切的表達與回應，有話好好說，則可以為
自己帶來許多的好處，百利而無一害。

02

說出道理來：
如何透過說話以理服人

　　凡事給人留餘地，這是長輩經常教誨的一句話，因為我們經常會不自覺地落入得理不饒人的情境之中，當我們充分掌握優勢時，總會據理力爭，若不好好把握機會，一旦局勢轉變，就有可能落得全盤皆輸的窘境。

　　生活中總會有許多時候我們必須說服他人，進而達到自己的目的，當然要達到目的的方法有許多種，如果可以在達成自己的目的時，採用的是讓對方可以接受的方式，則心想事成，如果可以雙贏的話，則皆大歡喜。

　　記得曾經有位國中學生向爸媽要求要買手機，爸

媽思考到學生的本質是讀書學習，買了手機整天玩手遊荒廢學業，書都不用讀了，直覺地跟孩子說不行，學生的本質是讀書，等你長大國中畢業後再給你買手機。

這位學生有別於其他同學的反應，他並沒有纏著爸媽盧到底，用盡各種手段就是要爸媽買手機給他，反倒是仔細的將自己為什麼要買手機的理由一一寫下，然後分析說理給爸媽聽，他之所以想要買手機的原因主要有三點，第一點：數位時代來臨，學校許多作業都是採用線上完成，另外學校作業報告需要分組，若有手機可以方便加入群組與同學討論來完成作業。第二點：現在 Podcast 當道，可以使用手機收聽自己想學習的內容，剛好可以在每天上學通勤的過程中使用手機來聽所訂閱的各個主題頻道的學習內容，充分利用時間來學習。第三點：現在手機便利性高，可以用來查找地圖方便找路，也可以下載手機公車路線App，方便自己搭公車並且掌握時間，可以說是一舉數得。

經過仔細的說出自己想要買手機的理由後，爸媽

了解到原來買手機並不是因為同學有手機自己就一定要有手機，而是真正有需要，且是仔細思考過才向爸媽提出要求。另外，他還主動提出爸媽對於自己擁有手機之後的可能擔憂，事先將未來可能會發生的事情提早說出，並加以說明爸媽的疑慮自己會如何排除，好讓爸媽放心。後來，他的爸媽聽了他的想法及說明後給他買了手機，事後真的也將手機用來學習使用，而非只有玩手遊。

日常生活中，說出道理來，達到有效溝通其實並不困難，首要就是要能同理他人的想法與感受，就如同這位國中生能夠換位思考爸媽的想法，並同理感受爸媽的疑慮以及為什麼不同意給自己買手機的原因，然後針對這些痛點來加以突破，以達到說服的目的，最後條理分明的說出自己的想法，達到有效溝通，最後達成目標。

在職場上也是如此，業務人員要銷售物品提升業績，除了要充分的熟悉自家的產品，提升本職學能之外，更要學會如何說話，說出道理來，設身處地的為顧客著想，然後提出自己的想法，言之成理，讓顧客

買得開心，且買得滿意。

　　現在的消費者不比以往，過去產品相關的資訊有限，主要是店家提供，訊息不對稱的情形之下，難免會有避重就輕的銷售情形出現，也因此消費者買到物品後才發現自己買錯了，或是買貴了。現在則跟過去大不相同，網路時代，資訊發達，也因此消費者在購買物品時會充分做功課，以期做個聰明的消費者，但也因為訊息量太多，消費者會陷入另一種消費迷思，總想要買到最便宜，或是買得最超值，也因此到處比價，最後雖然買到最便宜的東西，但卻輸掉了售後保固及額外的服務。

　　曾有一次，我的朋友到汽車展場賞車準備下訂新車，當然也是有備而來，先在網路上爬文相關的購買心得及新車開箱文，也熟知購車的優惠與贈品，在與銷售業務討論下訂及後續程序時，直接表明自己的想法以及網路上所查到的資訊，不過後來這筆買賣並沒有如我朋友所願，汽車業務委婉地說這筆訂單自己無法簽下，如果執意簽下自己則會賠錢，朋友直覺反應賣車哪有會賠錢的，頂多是少賺，你這輛車少賺一

點，我再幫你介紹客戶，下一輛車你就賺回來了啊。聽了朋友的說法後，業務微笑回答，您說的確實沒錯，各個汽車經銷商的銷售方式各不相同，業務之間為了成交也會有不同的策略與手段，但我跟您說明，如果這台車我跟您簽約賣給了您，那麼我會是賠錢來做成這筆買賣，賠的是我自己的獎金，如果每位上門買車的顧客都提出這樣的要求，那麼我應該很快就因為沒有賺錢而離職，這樣的話未來您的用車後續服務我怎麼幫您呢？

　　如果我因此離職了，沒錯，您當然會有另一位為您服務的業務，但素昧平生，是否能夠如同我的專業與態度來服務您就另當別論了。

　　另外，如果今天你沒有用最低價買到車，但是你獲得的是我的專業服務與永續經營，眼前雖然沒有立即得利，但長遠來說，您獲得的會是更多，且您不需要再花時間來與業務互動與建立關係，請您相信我的專業與服務，我將每輛車的獎金與銷售方式和盤托出，讓您清楚我們的銷售方式，我賺取合理的報酬，如此一來我可以永續經營，持續為您及每一位我的客

戶服務，未來我擁有更多的銷售資本，當然您是我的優質客戶，我一定會提供相對應的折扣與贈品給您。

　　想當然爾，後來這筆本來要泡湯的訂單有了轉機，順利成交，這位汽車業務透過「說出道理來」的方式來以理服人，最後達成目標，雙贏收場。

　　話可以好好說，說出道理來，透過道理來服人，除了達成眼前的效益之外，更可以讓人打從心裡同意我們的提議與想法，多為對方想一想，換位思考，仔細評估，然後透過話語，提出能夠讓人接受的說法，最後達成目標。

03

說話的藝術：
逢人減歲，見物加價

說話是門藝術，你說是嗎？

有些人總是能獲得好人緣，凡事無往不利，其中一個很重要的關鍵，就是能夠把話說進心坎裡，與人互動時不會尷尬，甚至可以為自己贏得肯定與讚賞。

「這件衣服好適合你喔！」「你今天的穿著好好看，讓你的膚色更加亮麗。」日常生活中總是會聽到這樣的話語，被稱讚的人心花怒放，縱使知道說話的人或許有些誇張，但也是欣然接受，這就是人性，沒有人喜歡聽不好聽的話，忠言逆耳；反之，要能讓對

方聽進你所說的話，首先必須讓人不排斥我們所說的話，因此掌握說話秘訣的人總是能夠探悉對方的心思，把話好好說，說進對方的心坎裡。

曾有一次，我的一個同事換了個新髮型，一到辦公室趕緊找了鄰座的同事問了說「你有發覺我今天有哪裡不一樣？」「一樣啊！有哪裡不一樣嗎？難道是你中樂透？」辦公室裡另一位同事走了過來，「你的髮型不一樣，你頭髮燙捲了，而且換了髮色，你的新髮型超適合你的，看起來像個高中生。」剛換新髮型的同事聽到後心花怒放，開心的手舞足蹈，一整天都面帶笑容，上起課來也特別有勁，學生們都能感受到老師的好心情。

「逢人減歲」，是一種掌握對方心思的說話方式，沒有人希望別人說自己老，大家都希望永遠年輕，所以在與人互動時，千萬別說對方老氣或是成熟，記得多年前有部連續劇，劇中的女主角特別在意公司裡的後輩稱呼自己「又青姐」，光聽到「姐」這個字就怒火中燒，自己明明也沒有多老，被叫姐就顯得好像很老，聽了就有氣。對於公司裡比我們年長的女同事，

除了稱呼姐之外，還可以怎麼稱呼呢？其實我們可以稱呼對方為前輩，這樣比較不會讓人有立即反應，如果年齡差不多，稱呼對方的名字也可以，當然可以稱呼某某小姐，這都不會讓人有感受到自己好像年紀很大的意味。

「見物加價」的概念與「逢人減歲」就大相逕庭了，每個人都喜歡被肯定，希望大家認同自己的眼光，因此對於別人的物品或是衣著、包包可以給予價格放大的說法來回應，看到別人買了新包包，可以稱讚對方有眼光，這個包包價錢一定不便宜，一定是某個名牌的包包，對方聽了一定覺得很有面子，縱使買的不見得是名牌包，但被對方誇讚了一番，心裡自然高興極了。現在社會上流行一種選品選物的公司，利用網路直播拍賣，只要選品選得好，有獨到的眼光就能獲得粉絲認同及廣大的訂單回饋，逢物加價的概念也是如此，其中重要的是自己的選擇或是購物決策獲得對方的認同。

一位在銀行工作的朋友喜歡開車駕馭的快感，對於車子也是深入研究，可以說是業餘的汽車達人，有

一天開著新車來到公司上班，同事們看到感到好奇，兩三位同事湊了過來賞車，其中一位說道「你怎麼會買韓國車啊！聽說韓國車很爛，而且二手車價格很低，你之後一定會後悔！」剛買新車的同事原本還懷抱著好心情，興奮不已地開著新車上班，笑容滿面一下子變成臭臉，只好強忍著怒氣，勉強地擠出笑容，站在一旁的另一位同事回應「最近的韓國車都超有設計感，我看韓劇裡的主角都是開韓國車，香車配美人，帥哥開帥車，而且聽說現在的韓國車跟以前大不相同，科技感十足之外，銷售量也極好，有的車下訂後還要等很久才能交車，你買這輛車真是選對了，內裝科技感十足，外觀超帥，大燈還是多光束頭燈，這車一定很貴對吧！」站在一旁剛買新車的同事趕忙回答「不貴不貴，雖然是進口車，但是車價跟國產車差不了多少」，提問的同事說道「那你真的買對了，這樣的 CP 值超高，我下一輛車也要買跟你一樣」，此時車主滿臉笑容充滿自信。由此可知，同樣一件事情，不同人有不同觀點與看法，如果能夠把握逢物加價的原則與人互動，予以回應的話，自然能夠獲得認同，

除了獲得好人緣之外，也會為自己帶來意想不到的回饋也說不定喔。

　　說話確實是門藝術，在說出口前先仔細想想這樣講好嗎？這樣說話對方會有什麼反應？然後再把話說出口，自然可以免去上述的窘境，當然也可以為自己帶來好的回應與好的人緣，另外，要能夠隨心所欲的把話說好必須持續練習，從今天起就在生活中練習把話說好吧！

04

說服別人不只是技術，
更是藝術

　　說服別人是有分層次的，第一種，只是表面說服了別人，但內心並不服氣的；另一種則是表面被說服，內心也認同；還有一種是不僅說服了別人，也讓人心情愉快，從持不同意見到成為理念的倡導者，同樣都是達到說服人的目的，但結果卻不相同，可見「說服」是件不容易的事，但卻值得好好探究一番。

　　每個人都是自己的主人，可以為自己生活中的大小事情做主，但有時候要為自己的選擇做出最好的決定時，卻反而下不了決定，做不了主，有時還會三心二意拿不定主意，這都是因為想太多，或是無法說服自己。

我有一位朋友去展示間賞車，準備為自己的三十歲生日下訂一輛車當作自己的生日禮物，到了展間聽了業務接待人員的介紹後，對於自己的購車需求總算有了眉目，選定了所要購買的汽車款式，但卻在配備等級上始終下不了決定，遲遲無法完成購車簽約，都是同一款車，但是其中一個等級是配備較少但價格較低，另一個等級則是配備豐富，不過價錢超出自己原本的預算，也因此讓他內心煎熬不已，到底要考量價錢優先，還是配備優先，無法在短時間內做出購車CP值最高的選擇。

　　一般而言，賣車的銷售人員都會說「看你實際用車的需求來做決定啊！如果只是代步就買價錢不高的，如果這輛車會開很久且經常開，那就選配備好一點的比較划算。」當下聽了真的很有道理，但是實際分析其中的話語內容，說了就跟沒說一樣，問題還是回到顧客本身，沒有因為給予的建議來幫助顧客做決定促成了客戶的訂單下訂，但這銷售人員所給予的建議真的很有道理，且是持平而論，算是稱職的業務表現，但只能表面說服客人，卻沒有辦法成就自己的業

績表現。

反觀另一位業績表現極佳的百貨服裝專櫃人員，總是能夠讓顧客挑選衣服時買得快速，又能笑容滿面開心的離開，她的銷售技巧以及說服顧客的方式值得我們仔細推敲一番。

百貨公司的女裝服飾專櫃每年新裝上市的發表會後，總會有許多顧客上門來挑選試穿自己喜歡的服裝，有天一位老顧客來到專櫃，試了幾件衣服褲子後拿了其中同一款的兩件不同顏色的洋裝在鏡子前不斷的比劃著，彷彿做不了決定，這時這位專櫃銷售人員上前來，對著顧客說「小姐，你的膚色白皙，身材又修長，你穿這件米白色的洋裝超適合，除了氣質出眾外，更顯白，很適合夏天來穿，不管上班穿，假日出席朋友聚會場合也很亮眼，我自己本身也有買了一件，不過我沒有像你皮膚白皙，我只好挑另外一件深色的，真羨慕你穿什麼都好看」，在銷售人員話說完沒多久這位老顧客就直接拿著衣服到櫃台結帳了，而且兩件衣服都打包。

仔細分析為什麼這位原本下不了決定的顧客後來

不但果斷決定，而且一次買兩件，其中關鍵的原因是銷售人員也買了同款的洋裝，證明自己的眼光不錯，選的洋裝與專業的銷售人員所見略同；另外，由於自己的膚色可以駕馭米色服裝且穿了顯白，沒有不選這件的道理，再加上銷售人員話講得中肯，說到了顧客的心坎裡，在歡喜的心情下購物總是爽快又大方，也因此成就了雙贏的買賣。這位銷售人員懂人心又會說話，充分展現說服的能力，讓人表面上信服，心裡也開心，在穿著這套米色洋裝時一定感覺超好，且會不自覺的跟別人分享自己的新衣服，也會介紹百貨公司這專櫃給朋友。

仔細想想，說服他人不但需要技術，也是門藝術；把話說得好好處多，除了能說服別人，讓人認同理念觀點外，也能成就自己，就把說服別人當成一個研究課題來探討，思考不同的說話方式會帶來怎麼樣的結果，試著用不同的方式來與人說話，並嘗試改變與精進，就能把話說進別人的心坎裡，獲得好人緣也增加自己的自信心，讓自己無往不利。

此刻起，就開始練習把話說好吧！

05

打招呼一點也不容易

　　打招呼對某些人來說，如同家常便飯，再簡單不過了，簡單揮揮手，說句你好，就能與人互動問候，但對某些人來說，打招呼真的一點也不容易。

　　為什麼對於某些人來說，打招呼一點也不容易呢？這是因為不習慣與人互動，久而久之就羞於與他人打招呼，害怕別人會不會不理自己，而不好意思主動開口說，另外，也擔心打招呼時對方沒有回應時自己該怎麼辦？話還沒有說出口，心裡就已經胡思亂想，也因此不敢主動與人打招呼，就算有人主動跟自己打招呼，自己也會不知所措，甚至刻意迴避，減少與人直接迎面而來的相遇，藉此避免掉打招呼的尷尬。

然而，反過來思考，其實養成打招呼的習慣，學會打招呼的技巧好處多多，拉近彼此的距離之外，讓與人互動說話成為日常生活的一部分，更可以因為主動打招呼的習慣讓自己的說話能力也因此而精進。

　　透過打招呼，可以拉近彼此的距離，也可以因為寒暄而開啟話匣子，獲得新的資訊，也傳遞訊息，為自己贏得好人緣，也培養自信及口語表達能力。

　　打招呼除了話說出口之外，更要搭配著手勢及表情，才能給予人良好的印象，但也可以評估對方是否與自己熟識，適度的微笑點頭並說聲你好也是可行的方式。如果是面對自己熟識的朋友或是同事，其實每天見面時的打招呼寒暄是必要的，熱絡的寒暄與問候，可以給人溫暖帶來好感，也可以藉此來延伸彼此討論的話題，順利達到交流的目的，當然也可以藉此提升說話表達的能力。

　　日常生活中你一定時常看到有些人一見如故，在一些社交場合上除了彼此問候之外，也能聊上一番，天南地北無所不談，他們是怎麼做到的呢？我想你一定會感興趣，與人打招呼，說完應酬語後還可以說些

什麼？這個問題容易詞窮的人一定很想知道，一般而言，打招呼時除了說應酬語之外，還可以開啟哪些話題分述如下：

一、近況分享與經驗交流

如果遇到的不是每天都會碰面的朋友，則可以在問候彼此後，主動關心對方的近況，最近在忙什麼？有沒有可以分享的有趣的事情，還是在學習或是工作上有遇到困難，需要幫忙的話，自己可以協助，或是聽到對方分享了生活中值得一提的事情時，自己也回饋分享自己過往的經驗，給對方參考，以對方為出發點考量可以讓人更願意與你互動，分享個人經驗則可以引起共鳴。

二、問題引導與麻煩解惑

如果是熟識經常見面的朋友，則可以在打招呼後主動透過問題的提問來尋求對方的解答，例如：「自己最近正在找健身房，你有知道的不錯的健身房可以推薦嗎？」，或是「周末想跟家人聚餐，你最近有沒有吃過覺得很棒的餐廳呢？」藉由問題可以引導對方說出更多的話來，當然也自然開啟更多的對話，讓彼此

的互動更為熱絡，也製造更多後續聊天談論的機會。請對方幫忙麻煩解惑也是可行的說話互動方式，例如：「你可以給我些意見嗎？最近我想要去換個髮型，不知道剪短好，還是燙捲好，如果染髮的話不知道什麼顏色好看。」幫人解惑，助人為快樂之本，熟識的朋友大家都會願意盡一己之力來為大家解惑，也會知無不言，言無不盡，盡可能將自己所知道的說給對方聽，也因此可以達到彼此溝通閒聊的目的。

三、時事探討與八卦嗑牙

　　生活中每天發生的大小事也可以是聊天的話題，可以將出門開車在廣播裡聽到的新聞時事與對方分享，彼此就此議題來探討，例如：「最近的住宅房屋利息補貼你申請了嗎？」「你有沒有看到那則韓團演唱會門票創天價的新聞？」「你知道那個藝人最近交男友了，真的會讓很多粉絲大吃一驚！」透過新聞時事來討論，是生活中最好獲取的素材，且最好找與彼此息息相關的議題更是能收好效果。另外每個人都喜歡聊八卦，茶餘飯後的八卦話題最能引人興趣，打招呼說完應酬語後可以找一些八卦嗑牙的話題，一定可以

讓大家討論得不可開交，天南地北的聊起來。

　　雖然打招呼不容易，但還是要勇敢跨出第一步，敢於開口與他人打招呼，透過話語來與他人互動，就可以讓自己更懂得如何與他人互動，達到開口說話的目的，經常打招呼就可以重複練習，為自己提升好人緣之外，也因此讓自己更會說話，下次遇到朋友或是家人，就勇敢的揮手開口與他們打招呼吧！

06

傾聽與建議：
原來溝通這麼重要

　　眾所皆知，聽是說的基礎，說是聽的產出，所以我們在練習說話前必須先學習聆聽，尤其是傾聽，能夠傾聽他人想法與感受的人，就能善用同理獲得他人的認同，發揮影響力，不管在學習或是工作上都會有幫助。

　　老師或是家長，對於孩子而言都是給予建議者，當孩子有困難或是需要解惑協助時，除了找同儕好朋友討論外，如果想要有前瞻，更有建設性的建議時，就會找師長來尋求解答或是給予建議，但有時候大人說的話，孩子卻是一點都不想聽，甚至有時候長輩都還會抱怨，「我是為你好，為什麼你都不聽？」其實

不是不聽，而是聽了之後心裡不舒服，然後不願意接受建議，甚至還吵了起來。

要給人建議，其實首重傾聽對方的想法，不可以先入為主的預設立場，在獲得部分訊息時就立下判斷，立即以上對下的方式來下指導棋，要對方照著自己的想法與建議去做，很多時候這樣的方式並不能獲得對方的認同，甚至會收到反效果。

如果要給人建議，首先可以先傾聽對方的想法，再試著去同理對方心情，利用話語來確認對方所遇到的問題是否如同自己所理解與掌握的，此時不需要給太多的建議，而是可以分享自己過往的類似經驗，還有那時候自己是怎麼處理解決的，通常在分享自己過去類似的經驗時，對方應該就心裡有底了，知道大概可以怎麼做，或是應該怎麼做了。人是會透過類化學習遷移的動物，因此聽了別人的經驗談後就會知道自己可以嘗試怎麼去做，如果對方願意主動分享他當下的想法或是接下來打算怎麼去做時，師長可以幫忙統整孩子的想法，理出具體可行的執行方式，用這樣的方式來給予條列式的建議，首先你可以怎麼做，然後

可以去做些什麼，如果你遇到困難，你可以去尋找哪些資源，最後你可以做些什麼，如果你這樣做那就應該可以將問題解決，在你解決問題的過程中如果還是有不清楚的地方，我們隨時都在，都可以來找我們。

用這樣的方式從感性的情感認同，再到理性的解決策略建議，符合需要協助的孩子的心理感受與大腦認知，是可行給予建議的說話方式。

記得有一次，在便利商店巧遇一位家長，這位媽媽看到我小聊一下，聊天過程中媽媽說到跟自己的女兒在溝通上起了些爭執，原來是為了讓孩子順利升學可以考到理想學校，主動幫孩子報名了幾個補習班的課程，不過孩子並不領情，因此母子雙方吵了起來。在聆聽她講的事情經過後，我跟這位媽媽說：「你一定很生氣吧！你這麼用心為孩子奔波到處打聽，還特地請假帶著孩子去補習班報名，除了花錢還花時間，結果沒有得到感謝，還換來孩子一頓排頭，一定很生氣吧！」這位媽媽聽了我這樣說點頭如搗蒜，脫口而出「真是氣死人了。」「其實為了孩子的學習而生氣的家長，你並不是第一個，上個禮拜我也才接到有位媽媽

打電話給我，跟我抱怨她家兒子只想玩手遊，不想寫作業的困擾，你這樣的情形還算好。」

聽了我這樣說，她說「真的喔！」我連忙回她「真的啊！我怎麼會騙你。」就這樣，媽媽突然間鬆了口氣，然後接著問說「那我應該怎麼做？」

「你真的想知道？」我邊看著她邊提高音調說，「當然」，在確認了她的想法後，我才給予建議「正值青春期的孩子總是想要自己做主，雖然媽媽是為孩子好，到處奔走詢問，花了不少力氣，也花了不少錢，好不容易找到了補習班也報了名，但孩子並不在意，據我的了解，她只在乎的是自己的課餘時間有限，與同學討論好要一起來練韓團的舞蹈，但你沒有與她討論就幫她安排好補習課程，當然她會不開心啊。」媽媽接著問「如果要解決我跟女兒之間的爭執，那我該怎麼做？」

「首先，你可以讓女兒先暫時不要去補習班，然後找女兒好好聊聊，聽聽她的想法還有對於課餘時間的安排，如果她確實有考慮到學習與時間的安排，可以請她說說她對於自己學習的規畫，如果有提到課餘

時間想要與朋友一起跳舞，則不用說不行，更不可禁止她與同學的往來，在順利與女兒進入溝通後，可以試著讓她知道你最近為了她的學習奔波的過程，也讓她了解你所付出的辛勞，然後跟她說，以前你外婆也是用同樣愛女兒的心情來幫我張羅大小事，希望你可以理解。最後才與孩子討論補習有沒有需要，如果有需要，時間上怎麼調整安排，如果不需要，那麼學習上有什麼計畫，要讓媽媽知道，媽媽才安心。」這位媽媽聽了我的建議後恍然大悟，原來溝通這麼重要，必須傾聽然後同理，才能有效的溝通給予建議，然後就與我道再見開心的離開。

給建議固然重要，但給建議前必須仔細傾聽，才能把握重點，然後同理感受，再用對方聽得進去的語言來給予建議，循序漸進，有條不紊的娓娓道來，除了獲取認同，也給予協助，幫助對方的同時，也讓自己在表達上更有自信，是我們可以在生活中持續精進的自我訓練，建議師長一定要隨時關注這個部分，與孩子一同學習成長，讓孩子學會表達說話，且學習得更好。

07

省思與回饋：說話更得體

　　同理真的很重要，要能同理他人，尤其是同理他人的想法，由於無法臆測，只能專注的聆聽，與人溝通時，除了雙向互動之外，必須要能夠專注的聽，然後提取關鍵訊息，就自己所獲得的訊息來加以解讀，然後產生同理。但，要能在短時間內就了解別人的想法不容易，這是需要長時間累積與訓練的，就如同諮商心理師，也是藉由專業訓練後，進入諮商服務實習，在一次又一次的實際諮商輔導過程中累積臨床經驗，然後才能提升經驗值，最後通過考評成為合格的諮商心理師。

　　雖然我們不見得要成為諮商心理師，但我們卻可以借鏡諮商心理師們的養成歷程，學習讓我們可以快

速整理對方所釋出訊息的方法，快速組織整理分析給予同理與回饋，以利進一步的溝通與諮詢建議。各行各業都會有管考制度，主要是讓同仁或員工在做完一件事之後，可以回顧與檢討在過程中自己做得好的部分，以及需要改進修正的地方，而這都是屬於後設認知的部分，透過省思來回顧自己曾經做過的事情，並且思考如何改進與突破。

我們在練習說話與提升口語表達能力時也可以參照這樣的學習方式，在每一次與他人溝通對話後，試著想一想剛剛聊天過程中對方談論什麼話題，在聆聽同學報告時留意他說了哪些內容，其中有哪些重點，還有他值得我學習的地方在哪裡。這都是生活中的後設認知自我省思練習，有助於說話能力與口語表達的提升。前不久，我遇到一位朋友，她是國中老師，與她在工作上有些接觸，談話的過程中我覺得她的聲音很有磁性，而且發音咬字特別精準，不疾不徐的說話速度，笑容可掬的表情呈現，讓與她談話的我如沐春風，我開口跟她說「你的國語好標準，說話聲音真好聽，你以前是不是專門參加國語朗讀比賽的選

手啊！」她說「確實如此，我在國小國中階段都是代表學校參加比賽的選手，而現在當老師也會代表學校參加比賽。你怎麼會知道我曾參加過朗讀比賽？」我跟她說我也曾經訓練過我自己的咬字與發音，而且我還特別找了報紙來朗讀，希望讓我的國語唸讀可以更標準。

記得學生時代念書時的我，國語考試總是無法得滿分，每次都是注音部分扣了分，每每遇到二聲三聲的判讀時，我就陷入兩難，到底哪一個才是正確答案，直到收卷前才做出最後決定，另外，對於國字的注音翹舌與否我也是分不清楚，聽起來都一樣，也因此我在寫答案時總是照著自己的感覺走，也因此有時運氣好答對，對於國字注音這一大題總沒有把握全對。

後來上了大學修了國音學，我才發現過去的我對注音一知半解，開始認真地跟著老師學，並且搞懂語音學。在聽了老師的一口漂亮發音及朗讀示範後，當下的我好想也能有這樣精準的發音跟咬字，後來我自我省思了一番，該如何來精進自己的說話能力，生活

中只要遇到說話好聽，發音咬字標準的人，我總是仔細的聆聽他的說話方式，也不恥下問向對方詢問如何讓自己說話能力提升的方法，就這樣在生活中學習，不斷的反思，後設認知並加以改進，現在的我在與人溝通，或是受邀演講時，總會試著讓自己說話精準，發音咬字標準，不斷的反思造就自己不斷的進步，也因此思考越來越快速，分析訊息與聚焦重點的能力也藉此養成。

反思就是精進的開始，當不斷的反思自己的學習內容與說話方式，就能逐漸的改進自己表現不好的地方，「前事不忘，後事之師」，也因此自然在生活中遇到有人提問我們問題，或是參與相關會議給予回饋與建議時，都能在聆聽完對方的講話內容後，快速的組織建構回饋的內容，給予對方即時的回饋，或是在會議場合上公開發表自己的意見與給予建議，這都有賴生活中的反思持續練習。

至於回饋時要給予哪些內容？給予回饋時要考慮哪些面向呢？我們不妨思考一下如何給予人有建設性的建議作為回饋，過往在工作上常有機會擔任訪視委

員到學校或是一些機構參與相關會議，或是擔任評審，每每在比賽結束或是會議座談時會受邀講評進行回饋與建議，為了在短時間內能精準的讓活動參與者可以有所獲得，我必須切入正題給予具體且正向的建議，但也不能只有正面的鼓勵，還要有些待改進的建議提出，才能讓參與活動者有讓自己更進步的方向來前進，所以在回饋與建議時，我通常會給予三個優點及一個建議方向作為回饋時的思考脈絡，「三個優點」來自於我在聆聽參賽者說話的內容，或是我在聽取簡報後寫下的摘要重點，從三個不同面向來表述，可以給在場參與活動的夥伴有廣度的思考收穫，「一個建議」給當事人有深度的啟發可以更加精進。

　　例如我會這樣說：「聽完了剛才發表人的簡報內容，我的回饋內容可以規畫為三個面向，首先在內容方面，我覺得面面俱到，重要的議題都有關注到，另外，在外在表現方面，我覺得具有表面效度，舉手投足都是精采的表現，而在與聽眾互動的方面，我覺得互動性十足，利用提問的方式充分與聽眾互動，掌握了全場的目光焦點，最後，我要給發表人一個建議，

就是時間的掌握，如果可以在時間掌握上更精準就太好了，如此一來就能讓整個會議更順暢的完成。」這就是拉開廣度的三個面向的回饋，以及一個給予當事人精進的建議。各位師長在指導孩子練習思考與回饋時不妨可以用這樣的方式來嘗試看看，一定會有收穫。

反思就是精進的開始，省思與回饋是學習成長不可或缺的關鍵，也是我們在學習如何說話說得更好，說話說得更得體、更精確的可行方式，反覆練習，持續去做，一定可以讓自己在與人溝通互動，或是在眾人面前說話時，更沉穩，表現更好。

08

讚美的力量：
正向思考的自信來源

　　記得曾看過網路上分享的一則影片，有人對著一瓶水每天說好話，然後據說這瓶水保持清澈不會長青苔；另外有人對著果樹植栽每天講讚美的話，然後長出來的果實特別漂亮，收穫特別好。雖然這樣的影片是否真實尚待確認，但至少給了我們一個可行的正向思考方向，當你在對著對方說好話時，心裡的想法自然都是充滿著正向思維，自然能夠產生正向力量，如果把這樣的思考方式運用來待人接物，相信一定可以讓自己更有自信，且可以給人帶來更多的希望與溫暖感受。

　　讚美是具有力量的，老闆讚美員工做事細心，員

工會記住自己被老闆誇獎的地方，然後精益求精。老師讚美學生勇於發表且講得很棒，而後學生就會在後續的學習上敢於與老師討論與互動，學習成效就會因此而提升。可見讚美是可以發揮影響力的，但要怎麼讚美別人呢？說實在的，過去的農業時代，父執輩忙於農耕田務，農事都做不完了，哪有時間去跟子女互動，更遑論對於子女的表現給予肯定讚美，也因此表現良好的自己沒有被讚美過的經驗，等到自己為人父母後，也不習慣對於自己孩子的表現給予讚美，更不用說在每天的相處互動中，多說些正向積極鼓勵的話了。

反之，愛之深責之切，相對於讚美，責備在我們的傳統教養文化中，好像是大多數父母師長熟悉的方式，記得小時候班上同學考試九十九分，還被處罰說，怎麼那麼不小心，殊不知同學為了考試可是盡心盡力，無法得到一百分已經很自責了，還要被老師責備處罰，心中難免生起怨氣。

反觀西方教育，崇尚重視孩子的個別差異，每個孩子都是獨一無二的，父母師長不會以分數來斷定一

切，也不會因為成績不好就是沒有用的人。對於孩子的好表現，師長總是把讚美的詞語掛在嘴邊，除了口頭稱讚之外，神情與聲音也讓人好溫暖，久而久之，這樣的孩子在學習成長的歷程中越發自信，當然表現也越來越好。每個人都想被讚美，沒有人會想被責罵，當大人都是如此了，何況小孩，因此我們也應練習著讚美孩子，讓我們的孩子也可以習慣讚美別人，在生活中欣賞別人的優點與長處，並且找出自己的亮點與優勢，讓自己表現更好，學習更踏實。

　　讚美，稱讚別人，如同繪畫彈琴，是需要後天持續練習的，不過還是會有個別差異的存在，有些人樂觀開朗，喜歡與人互動，看到人總是主動打招呼，看到朋友穿著新買的洋裝就大加讚美一番。有些人害怕與人互動，連打招呼的勇氣都沒有，久而久之習慣自己一個人獨處，別說讚美別人了，就連肯定自己的勇氣也很難有。曾有一次在教室裡看到同學們下課在聊天，有個同學嘴巴超甜，看著同學鉛筆盒裡的卡通圖案造型的原子筆直說這筆好可愛，一定不便宜。原子筆的主人聽了開心的說，這是爸爸買給自己的生日禮

物，邊說邊笑，開心不已。另一位同學看到也想說出自己心裡的話，但卻欲言又止，只能圍繞著同學站在一旁看著大家開心的談論著。

可見，讚美別人也是需要練習的，如果有過成功經驗，未來在遇到相同的事情時，自然能夠駕輕就熟，不知不覺地在生活中體現出來。在我記憶中，一直記得在高中時，我與班上男同學一起走在路上，迎面而來的是我同學的國中女同學，在我身旁的同學看著迎面而來的女同學時一派輕鬆的揮著手，打著招呼說「嗨！」女同學也與他問候一番，我看了好生羨慕，他怎麼那麼厲害，怎麼敢跟女同學打招呼，我私底下請教我這位同學「請你教我一下吧！要怎麼樣才有辦法自然的與別人打招呼？」我同學驚訝的說道「別開玩笑啦，你的爸媽或是你的老師沒有教你要跟人打招呼嗎？」我回答道「有啊！但我就是做不到。」

經過那次事情之後，我謹記在心，試著在生活中與同學朋友打招呼，從一開始的生疏，到後來的漸入佳境，然後自然而然的打招呼就成了我生活的一部分。後來，我當了學校的學務主任，在學校裡推動

品格教育，鼓勵孩子與老師同學問好，還定下了目標「成為打招呼第一名的學校」，也因此辦理了各式各樣的活動，讓孩子更有禮貌也更有自信，也獲得家長廣大的迴響。

　　讚美別人，從打招呼開始，每天的問候打招呼，會是讓自己與他人互動更為熟絡的切入方式，反覆練習，不斷進步，自然會發現原來讚美別人不難，取而代之的是，自己的口才變好，人際關係也變得更好了。

09

口號不只是口號，巧妙運用可以讓人印象深刻

　　響亮的口號可以讓人印象深刻，快速留下記憶點，是廣告行銷常用的文案編寫或是大眾傳播媒體經常推播的行銷素材，巧妙運用可以帶來廣告效果，成為家喻戶曉的習慣用語，讓每個人都朗朗上口。

　　口號的運用不止運用在品牌行銷上，在個人行銷上也是相當有效，每到選舉期間，總會聽到廣告宣傳車在大街小巷放送著候選人的選舉文宣訴求，透過簡短好記的 slogan 來呈現主要訴求，例如「一人當選，兩人服務。」可以從聽到的廣告宣傳口號就知道是夫妻檔的民意代表組合，可能夫妻其中一人原本是里長，準備要選議員，交棒給另一半，自己則是會繼續

服務，且可以擴大服務範圍，透過這樣的廣宣口號設計，可以達到快速讓選民受眾共鳴的效果。

在汽車品牌上也會看到廣告標語使用口號式文案的案例，例如以妥善率高著稱，長期獲得汽車品牌評比及大眾認同的 LEXUS 凌志汽車為例，廣宣訴求「專注完美，近乎苛求」就是符合這樣的造車品質，因為精益求精，甚至追求完美，以至於可以獲得客戶認同，將這樣的客戶用車經驗轉化為口號進行口碑行銷就產生了廣告效果，讓準備買車的人有印象，也讓用車的人安心，更是公司內部所有同仁的自我期許，這是成功的文案設計及口號呈現方式，也因此 LEXUS 凌志汽車至今仍是汽車銷售排行榜上的常勝軍，獲得廣大消費者的認同。

由上述可知，口號是大量文字或是文案的摘要，透過精鍊濃縮，最後萃取出最重要的內容與訴求，透過言語表達以達到所欲達成之目標，因此，用在口語表達上也可以收異曲同工之妙，不管是說話一開頭就吸睛，抓住對方的目光焦點，或是用在總結上，透過口號的呈現，可以幫助對方回顧內容掌握重點，並且

可以產生共鳴。

在日常生活中，我們總會發現有些人出口成章，說出來的話並不像一般人就是簡單的日常用語使用，聊天討論居多，但有些人在講話與人聊天互動中，也會不自覺的講出一些名言佳句，或是類似口號的漂亮短語而讓人驚艷不已，這樣的人平常在說話上一定曾下過功夫，能掌握重點來表達，或是嘗試引述將曾聽過別人說話的內容講出來，久而久之，說話的內容就會更加精煉，表達的方式就會與眾不同，當然給人的印象也會更加深刻。

名言佳句就是口號常用的引述內容，通常名言佳句就是傳誦已久的話語文句，讓人耳熟能詳，例如「立足台灣、放眼國際、胸懷全世界。」這就是從一大段文句中，依照其中的邏輯脈絡來濃縮精鍊摘述重點成為口號，這樣的簡短字句方便我們在講話時可以脫口而出，因為用字遣詞符合邏輯，讓講話時有脈絡可循，不會在講話時還要再花時間思考，且能符合聆聽者的學習心理，快速的讓對方掌握到意旨，進而達到說話者所設定的目標。

當然，口號也可以加以運用在生活中的各種說話場合上，例如自我介紹、專題演講、活動致詞，或是口頭發表，只要是為了讓聆聽者可以產生共鳴，對於我們說話的內容產生記憶點的場合，都可以加以運用。曾經在電視上看過一個廣告，其中有個口號「我真憨慢講話，但是我真實在。」讓我印象深刻，直到現在都還記得，廣告找來職棒兄弟象總教練林易增代言，他給人的形象就是實實在在的做好自己份內的事，不需過多的言語表達，以行動來證明做就對了，所以這樣的口號文案設計就符合代言人的形象，簡短的一兩句話就讓人印象深刻且達到產品訴求，這就是說話時口號運用的力量。

　　口號不只是口號，口號除了是說話時可以善用的內容之外，也可以是我們做事情的方法與態度，座右銘也可以幻化為自己的行事準則，讓自己由內而外的呈現個人風格，有道是「文如其人」，話語也可以如其人，仔細思考我們說話的內容，讓自己表裡如一，運用正向思維，說出來的話就可以給人正向感受，溫暖的話語可以給人溫暖，更可以給自己力量，有空時

不妨整理一下符合自己人生價值觀的名言佳句，或是將別人講話時的名言佳句或是正向話語的口號內容寫下來，反覆推敲思考，相信你也會在生活中將這些內容說出來，此時口號已不是口號，而是可以讓人感動的文句。

10

觀察力與說話力

　　觀察力包含兩個層面，第一個層面是表層的觀察，另一個層面是深層的觀察，一般而言，我們會觀察周邊的環境，以及自己身邊的人事物，透過眼睛來觀察，而所獲得的訊息就是屬於表層的觀察。深層的觀察有別於表層的觀察，除了用眼睛觀察之外，更要用心體會、感受，也因此所得到的會比表層的觀察來得多更多。

　　舉凡生活中的大小事，只要留意觀察就會有所發現，但有些事情是需要透過用心感受，例如，我們可以發現空間擺設改變，但對於場域氛圍的敏銳度卻難以掌握。要能面面俱到，達到表層及深層的雙重觀察效果，則需要用眼睛去看，且要用心去感受。人與人

之間的相處也是如此，我們除了看對方的穿著表情之外，更需要花心思去學習感受對方的情緒及說話的語氣，才能深入的掌握訊息，做出有效的判斷及因應。

會說話的人，善於觀察對方的外在樣貌，並且能感受到對方內在蘊含的氣質，仔細回想我們生活周遭，是不是有些人所散發出來的氣質出眾，說起話來溫文儒雅，談吐大方，說話的內容不落俗套，總是能夠站在對方的立場來說話，帶給人溫暖，讓人印象深刻。有些人則是口無遮攔，說起話來喋喋不休，有時候還會自吹自擂，總是展現出一副不可一世的樣子，不管什麼事都是自己最行，不管什麼議題，自己的觀點就是最正確，有時候還會對人頤指氣使，若是遇到長官或是對自己職場升遷有幫助的人，總是花言巧語，竭盡所能的說好話巴結。

同樣說話，有些人讓人如沐春風，有些人卻給人不同的觀感，甚至是不好的評價，話要說得恰到好處確實不容易，但一不小心，就有可能因為失言而禍從口出，因此，我們必須謹言慎行之外，更需要口吐蓮花，給人溫暖，也給人肯定。

在日常生活中，不妨來學習觀察，就所觀察到的表層事物來加以描述，從正向思維的觀點切入，試著看看別人的好，例如辦公室有人換了新髮型，就從自己主觀感受來分享自己的想法，也分享自己觀察到的差別，說明如下：

　　「之前你的髮型是直長髮，給人理性有條理的感覺，現在你的大波浪捲髮，給人感性又浪漫的感覺，不管什麼髮型，在你身上都有不同特色。你的臉形與髮型真的很適合各種髮型的變換。像我就不太適合剪短髮，如果我能像你一樣天生麗質就好了。」如果沒有仔細觀察，就無法講出前後不同的髮型比較差異，也無法就自己與對方的互動來說話討論。若是只有表層的觀察，則無法說出較為細微的差別，只能看到什麼說什麼，例如：

　　「你今天換了新的口紅喔！這個顏色很適合你。」講完眼前所看到的表層事物就結束了，無法透過觀察進行較為進階的表述，也因此在與人溝通互動上就會少了些共鳴與認同。

　　會說話的人善於觀察，而透過觀察可以讓我們看

得更多，也想得更多，建議大家不妨在每日生活中，對於周遭事物多些留意與觀察，對於身旁的家人朋友或是同事夥伴，都能多些用心互動，感受分享彼此的好，樂於讚美肯定對方，將觀察與表達融為一體，就能讓自己的說話能力提升，表達得更好。

PART 2

提升口語表達的能力

在表達時必須換位思考，

以受眾的角度來想

如何才能讓對方了解我們的想法，

甚至是理解我們所要表達的用意是什麼，

才能達到溝通的目標。

舉手發言說什麼？

　　生活中各種場合都有機會讓我們舉手發言，或許是回饋講者的內容，或許是回答講者的問題，也或許是我們想要主動的表達自己的想法，在眾人面前，甚至是不認識的人面前說出心裡的話，講出自己的意見，此時該說些什麼？該怎麼說呢？其中有許多值得我們來思考與探討的地方，舉手發言該注意些什麼呢？要怎樣才能表情達意，與講者互動，並獲得他人的肯定，仔細思考，來想想看如何說得得宜，說得得體吧！

　　經常在教學現場的課堂上，看到有些學生勇於提問，主動舉手發言，就自己在學習上的疑惑詢問老師自己所不清楚的地方，老師也仔細的給予解答，再次

的說明學生不熟悉的課程部分，也因此提問的學生可以立即讓疑惑得到解答，可見，主動提問是個有效的學習策略，舉手發言可以是有效學習的方法，有道是「為學猶如扣鐘，扣之以大者則大鳴！」意思是說，當我們懂得提問，問的越多收穫就越多，同理可證，在生活中或是學習與工作場域上，如果我們願意主動的舉手發言，那麼或許就會有意想不到的收穫。

記得當年正在研究所修讀碩士學位時，有一次參加了一場學術研討會，在講台底下聆聽教授論文發表的我專心的筆記所聆聽的內容，並將不清楚的部分摘要註記在論文集上，在教授發表結束後，主持人引導現場參與夥伴提問與論文發表人互動回饋，此時環顧四周並沒有人在第一時間提問，我則是下意識地舉起手來，主持人給了我機會發言，我也因此就自己聆聽的筆記重點與收穫給予講者回饋，並提出了我自己對於教授發表論文中自己不清楚的部分，也就自己的研究主題論文寫作在文獻閱讀過程中所遇到的疑問請教教授，當下教授除了解答我的問題之外，也提出許多我論文寫作可以參考的閱讀資料，會後教授也給了我

聯繫的方式，囑咐我未來在研究的過程中都可以與他聯繫，我也因此獲得許多協助與成長。

　　回想起當時在研討會議上的我，心裡正想著該不該舉手提問呢？如果被點到發言我該怎麼說呢？該怎麼發言才得體呢？台上的講者會不會覺得我的問題很不上道呢？想著想著心裡的疑問越來越多，還沒舉手提問就差點打退堂鼓了，後來轉了個念頭，不管了，想那麼多只會阻礙自己的思維，就勇敢的舉手吧。然後，我就開始思考當舉手的我被點名發言時，我該怎麼說話？我說話的內容可以有哪些呢？就這樣，我在腦海中開始研擬等一下要說話的內容，我仔細思考，要與講者互動，首先，可以先就講者所發表的內容予以回饋，說說自己的閱讀收穫，然後就講者在現場的發表講述的重點提出自己的見解，最後再提出自己的問題，精簡的在一兩分鐘內有效的提問並表達自己的想法。在準備舉手提問時，我也再次的將重點摘錄寫在我的筆記本上，幫助我快速掌握其中的要旨重點陳述，後來，也順利的完成我預擬要提問的內容，精準的表達把要說的話說出來，並獲得現場聆聽者的

共鳴。

　　有了那次的舉手發言成功經驗，更促進我後來在學習及工作上的說話及表達自主練習，讓我在說話表達的過程中有更進一步的收穫，我也因此不斷的在生活中思考如何精進我的口語表達能力，讓說話更得體，也藉由說話有效溝通，除了讓教學進行更順暢，教學更有成效之外，也因為能清楚表達，讓我的學生學習更有收穫。

　　綜合上述，在舉手發言前，我們不妨可以先思考一下眼前的場合是什麼？我說話聆聽的對象是誰？我該怎麼說才好？我的發言內容可以有哪些？我的內容表達順序怎麼安排，可以先說什麼，然後再說什麼，其中最必須注意的，最需要掌握的關鍵重點是什麼？在說話前快速的思考，自我提問一番，然後組織整理，再說出自己的話來，自然能夠有好的表達呈現，成功達到自己所設定的目標，讓自己更有自信之外，也會獲得他人的肯定。

如何有效提問

　　有道是「問好問題比得到答案更重要」，意思是說會問問題自然就能夠得到答案，另外，如果有能力提問好的問題，那麼得到的答案會更有價值。

　　的確如此，問好問題是需要學習的，回想求學過程，老師總是苦口婆心的說「學習上如果有問題就要問喔！」老師明確的告訴我們要問問題來解答自己的疑惑，但很多時候老師卻沒有教我們怎麼問問題，也因此我們在問問題時總是想要直接得到答案，但事實上要直接得到答案就目前而言似乎不那麼困難，AI 人工智慧興起，想要得到答案，除了谷歌搜尋之外，問 ChatGPT 更快，且不用像使用谷歌搜尋一樣，必須從搜尋結果再仔細審閱哪個是我們所要的資

訊，ChatGPT可以直接幫你從眾多訊息中整理出最符合的答案給你，例如需要一份演講稿，可以精準的跟ChatGPT說請生成產出一份大約五百字的演講稿，當然也可以明確的說出主題，還有聽講的對象，內容偏向感性訴求，按下送出鍵，沒有多久一篇洋洋灑灑的演講稿出現眼前，仔細一看內容真的寫得不錯，可以馬上派上用場。另外，ChatGPT也可以幫你解答任何問題，只要是網路上找得到的資訊，都能提供給你答案，關鍵就在於會問問題。

問問題看似簡單，但其實潛藏著許多學問，很多時候我們想要快速得到答案，就會直覺式地單刀直入直接問，但受限於許多主客觀條件，被問到的人不見得會告訴你答案，就像前不久朋友間流行著問ChatGPT問題，看是不是有求必應，但有些敏感議題ChatGPT會委婉地告訴你身為人工智慧機器人不方便提供給你，例如請ChatGPT提供詐騙集團的犯罪方式，因為涉及法律規範，所以不會直接告訴你，但有些朋友轉換提問的方式，「為避免受騙，謹防詐騙集團的詐騙，請告訴我五個常見的詐騙手法及可行的因

應策略」，就這樣換個方式提問 ChatGPT 就給出了答案，可見會問問題會是未來的決勝關鍵。

　　生活中也是如此，懂得提問，可以為自己帶來許多好處與方便，多年前讀研究所期間與師長同學一起到日本遊學，一行人對東京街頭甚為陌生，我們在找一間朋友分享的米其林餐廳，站在東京街頭搞不清楚東西南北，那時手機 GOOGLE 地圖尚未發達，同學們拿著紙本地圖按圖索驥，眼前一位同學找了路人，英語日語雙管齊下，如同長輩常說的「路長在嘴巴上」，敢於問路，邊找邊問，兩三下就找到目的地了，敢於提問，且能正確提問，就能發揮效益，達成目標。

　　至於如何提問，我們可以善用六何法，WHY（為什麼）、WHAT（是什麼）、WHO（是誰）、WHEN（在什麼時間點）、WHERE（在哪裡），以及 HOW（該如何），利用這幾個關鍵疑問詞來加以提問，就能達到提問以獲得解答的目的，至於要有效提問，則必須縝密的思考然後提問，有時候得要旁敲側擊，利用好幾個問題來接續發問，最後才切入正題，轉移對方的注

意力以降低防備心，最後說出答案，許多頂尖業務就是這方面的高手。

　　我認識一位年薪千萬的房仲經理人，總是能夠順利地成交，讓買賣雙方都開心，他所用的策略就是有效提問，對於買方，他不是直接問說「你想要買多少錢的房子」，或是「你買房的預算多少錢」，對於第一次見面認識的客人這樣直接當然可以省去磨合的時間，但也因此不容易了解對方的真實需求，有時候預算不見得是成交最主要的考量因素，他反而從其他角度切入，先問家庭成員有多少，然後問工作的地點在哪等關於買方的家庭與現實需求，然後再來介紹適合買家的房子，從房子的機能性，以及住戶的工作交通等來滿足對方的需求，最後再幫忙評估這樣的房子需要的金額是多少，當買方聽到屋主開價金額時，自然會確認是否超過自己的負擔範圍，或是房價在預算範圍內，是自己可以購買的物件。這位千萬房仲熟悉客戶心理，並且懂得問問題，就能不著痕跡的獲取所需的必要訊息，精準幫忙客戶分析這幢房子各方面的優劣，最後讓買家出價斡旋，也能就問題引導來釐清賣

家的想法，充分析市場現況，讓賣家同意賣出，讓自己業績再添一筆成交的佳績。

　　提問是說話與人互動重要的一環，也是我們必須經常練習的部分，評估場合，洞悉對方的想法，適當的運用提問的策略，就能因為問了好問題而得到必須要的資訊，讓溝通更有效益，也讓自己的學習或是工作表現更有成效。

假如我是校長：
演說擬稿與構思

　　在學校裡每天的學生朝會大家一定不陌生，講台上師長的宣導與叮嚀，或是校長主任的專題演講，都是學生再熟悉不過的場景與生活經驗，其實，在校園裡有許多可以學習說話及口語表達的素材，只要多所留意，觀察思考，就可以在生活中練習說話，有目的的學習口語表達。

　　學生的角色就是學習者，講台上的師長說話的內容我們除了仔細聽之外，還可以用心的想一想，為什麼師長會講這些內容，為什麼要在這個時間點對我們進行宣導，學校邀請來的講師進行專題演講講題為什麼要這樣訂，另外，講師的內容主要與什麼有關，這

些講者在對學生進行演說時用了哪些演說技巧，這都是我們可以加以學習的。

就以學校裡的校長作為我們學說話的對象吧！校長身為學校裡的一校之長，必須時常主持會議，與老師、家長及社區民眾對話，另外也會承辦教育局相關的業務，更有很多機會對著群眾進行演說，因此跟著校長學說話也是可行的方式。

想跟著校長來學說話，其實並不需要直接去找校長詢問是否可以開班授課，我們只要仔細的觀察校長在每一次的全校朝會時對著全校學生說話的方式，並就校長所說的內容來加以思考，就可以學習從校長的角度來看事情，並學習如何說話。

假如你是校長，那麼你會關注什麼呢？是不是關注學生的健康安全及學習表現呢？因此我們可以特別留意校長在對著全校學生說話時是不是有說到這些內容。另外，校長平時對著全校學生說話時，說了哪些內容會讓你印象深刻，是不是自己曾經有過的親身體驗的故事，或是能夠讓自己引起共鳴的有趣話題。還有校長在對著大家說話的時候眼神關注的焦點在哪

裡，說話時表情是嚴肅的還是微笑的，有沒有加上手勢來引導大家注意，這些都是我們在學習校長說話可以留意的地方。

　　仔細觀察校長的說話方式及講話內容外，也要換位思考，想想如果自己是校長，要對著全校學生說話或是進行專題演講，那麼我會說些什麼？演講稿應該擬哪些內容？生活中有哪些重要的事情必須提醒學生？最近的新聞時事發生哪些大事可以跟學生說？如果是提醒學生要注意安全健康，那麼我會用什麼方式來提醒同學，還有學生們會希望聽到我講什麼，怎麼說才不會讓學生感到無聊，越想就越多，沒錯，要進行一場有效成功的演講就必須想很多，把所有在演講場上會發生的事情都必須先預想過一次，然後才能根據聽眾的需求及現場的情境來說適當的話，如此一來在構思擬搞時才可以有確定的定位與方向。舉例來說，如果是日常的學生朝會升旗校長對學生說話，就可以分享校長在學校所觀察到的學生表現，例如每天用心打掃校園環境，然後期許學生同心協力將校園環境維護整齊，讓師生都有良好的學習環境。如果是期

中考前的學生朝會，則可以分享自己過往的學習經驗，並鼓勵學生考前充分的複習，分數固然重要，但更重要的是學習的歷程中自己有沒有用心投入。

當學生能夠換位思考，想想校長在不同的時間點及場合上會跟學生說哪些話，自然而然我們的大腦語言學習區就會發展，構思能力也會提升，如果可以模仿校長的說話方式，並嘗試自己也來進行學生朝會模擬演說，先將要對學生說話的內容大意寫下，然後更進一步的寫下完整的演講稿，再進行實際的演說練習，一定會對於自己的說話技巧及口語表達大有幫助。

在學校裡學校長怎麼說話，哪天長大了學生也成為了校長也說不定，你說是嗎？

04

爭論可以不必面紅耳赤

　　常在電視上或是社群媒體朋友轉分享的影片中看到不同意見的兩方人馬爭論的面紅耳赤，輕則吵得不可開交，重則一言不合大打出手，其實大可以不必如此，當有爭端時要討個公道，不必面紅耳赤的大聲嚷嚷，講理就好，提出自己的訴求，一樣可以解決問題。

　　辯論賽就是可以練習好好說話，以理服人的場合，在說理之前先仔細聽對方辯友的論述，然後就其中可以加以反駁或是提問的點發揮，可以澄清問題，也可以確認對方的論點，並透過說話技巧，巧妙地轉化立場，幫自己的論點加分，藉此獲得他人的認同。

　　不是說大聲的人就贏，曾有一次在實際參加辯論

比賽的過程中，我看到了參加辯論的夥伴越講越大聲，尤其是在針對對方在對我們的論述內容提出質疑時，因為想要為自己澄清，或是解釋自己的說法，當情緒上來時總會忍不住話說得越來越大聲，弄得自己面紅耳赤。

辯論是獲得大家對於我們的立場及論點的認同，不必爭得面紅耳赤，取而代之的是要言之成理，並且言之有理，堅定自己的論點，提出具有說服力的論據，並且表達清楚，說話有條理的進行論述，才能讓聽眾認同。

辯論是理性的說話方式，需要具備清晰且具邏輯思維的思考能力，並且不能隨著對方的引導或是刺激而受影響，必須控制自己的情緒，且要能有正反雙面的思辨能力，仔細聆聽對方所述，並且快速組織架構自己的論辯陳述脈絡，才能在辯論場上勝出。平時我們就要訓練自己的邏輯思維，讓別人聽你闡述，或是就對方的說話內容來理解對方的立場與觀點，藉此鍛鍊思考能力。此外，還必須多做功課，蒐集相關的資料，擴大語料庫，養成正反兩面看事情的習慣。並且

要多觀看別人的辯論比賽影片，學習透過不同的論辯方式，讓自己可以也照樣練習，最重要的是要增加實戰的經驗，以戰養戰，精熟論辯說話的技巧，激活自己的大腦，同時也讓自己的說活能力提升。

曾經在我的課堂上，就試著讓學生進行辯論的練習，當時是學生提出希望能使用教室裡的平板車裡的平板電腦，老師因為擔心學生只是把平板當作遊戲之用，少了數位學習的實際使用。當時的我急中生智，就讓學生來場教室裡的辯論大賽吧，如果學生說得有理，那就讓全班使用平板來學習。

學生為了能順利達到目的，能人手一機來使用平板，當下立即推薦班上大家所認為口才一流的學生出場與老師辯論，身為老師的我當然也藉此機會來進行機會教育，以「小學生上課應不應該使用平板電腦」為主題來進行比賽，老師一人對同學三人進行辯論比賽，同學們為了贏得比賽還煞有其事的沙盤推演討論起來，就使用平板的優點，使用平板的時間，及透過平板學習提升學習成效的方法加以討論並寫下論點，老師則是以逸待勞，針對學生提出的論點來挑毛病，

提出更多的問題與質疑讓學生來加以澄清與補充說明，最後辯論比賽結束，老師宣布比賽結果，難分軒輊，平手作收。但學生們異口同聲的說同學贏了，班上同學可以使用平板來學習。先不論輸贏，至少在引導學生參加辯論比賽的同時，已經成功引起學生的學習動機，也因為模擬比賽的師生對抗，讓學生認真的進行討論演練，最後全班同學能夠安靜聆聽，參與討論，這已經達到有效學習的目標，更因為這樣的比賽讓我發掘班上的辯論及演說人才，幫助學生找到自己的優勢智能及表現的舞台。

辯論是高階的說話能力表現，可以幫助我們思考，讓邏輯論辯及思考都更好，有機會的話，師長們一定要多引導孩子學習辯論，幫助孩子充分思考，然後精準表達。

ChatGPT 教你會說話

　　前不久人工智慧機器人 ChatGPT 橫空出世，一時之間各大媒體爭相報導，朋友們茶餘飯後的討論話題也是「ChatGPT」你用了嗎？大家對於這人工智慧強大的功能讚不絕口，紛紛下載了軟體來試玩一番。

　　ChatGPT 確實是功能強大，如果會用的話，可以幫助自己工作或是生活上得到許多助益，有人把它拿來當作有求必應的秘書，什麼問題幾乎都難不倒它。想找餐廳，只要說出想吃的食物類型與地點，三兩下就給出答案，方便極了。也有些人把它拿來當作搜尋引擎，可以比谷歌更精準的給出答案，讓人驚艷不已，但是也成功引起話題，未來有些工作勢必會被人工智慧取代，我們必須提醒自己與孩子，只有不斷

地精進學習，才能不被 ChatGPT 取代，反之，也要懂得如何運用這人工智慧機器人來幫助我們學習得更有效。

ChatGPT 可以是好用的生活秘書，也可以是我們學習上的好幫手，只要懂得精準的下指令，它都可以立即給你所要的參考答案。比如說「我是一位部門主管，即將召開部門營運成效會議，打算為同仁打氣鼓勵，並訂出明年的績效標準與目標，請幫我擬三分鐘的演說稿」，鍵入上述關鍵字後，過不多久一篇內容豐富，專業十足的演說稿就出現在眼前，真的十分好用。

若將 ChatGPT 比擬成我們在口語表達上的學習夥伴，則可以將自己的演講稿請它幫忙確認或是增修內容。比方說下一個關鍵指令「一舉兩得」，請 ChatGPT 幫忙生成一個日常生活的舉例說明參考範例，我們就可以在解說這個成語時，加入生活經驗來輔助論述，讓聽的人可以快速掌握這個成語的意思，也更增加我們說話內容的豐富度。另外，在教學現場常會發現有些孩子說話時會有明顯的口頭禪出現，

例如在說明一件事情時，總會一直出現「然後 .. 然後 .. 然後」，我們就可以請 ChatGPT 幫忙找出與「然後」這個詞語同樣意思的連接詞來，方便我們在說話時可以拿來用，改正口頭禪，也學會更多的口語表達用語。

記得有一次，學校的一位新任家長會長要上台致詞，慎重其事的她非常重視這個與全校師生相見歡的場合，早就預擬了講稿，還特別就自己想要的訴求與目標請 ChatGPT 同時擬兩份講稿來，兩相參照，然後將自己的講稿底定，最後上台致詞，獲得了滿堂彩。

如果孩子的詞彙或是用於口頭發表或是討論報告的內容不多，也可以請 ChatGPT 幫忙就原本的內容來擴寫，就同樣的意涵加深加廣，並將書面語改為口頭語，方便我們在指導孩子口語表達使用。

想要不被人工智慧所取代，現在就開始學說話，縱使 ChatGPT 可以產出講稿，但要能感動人還是要靠自己，真誠與人互動，將情感融入說話之中，我們可以把 ChatGPT 當作好用的工具來用，但要懂得去使用它，讓它為我們所用，並且持續練習，滾動修正，則

在人工智慧的幫助下，我們可以幫助自己與孩子話說
得更好。

06

升學考試口試應答

　　隨著教育政策鬆綁，大學入學方式多元化，過去只要參加聯考筆試就可以進入大學就讀。近年來調整比例，重視備審資料及第二階段審核的選才方式更逐漸成為主流，也因此學生必須更重視口語表達能力的養成，並就面試時口試應答來加以練習，才能讓自己脫穎而出，在眾人之中表現亮眼突出，考取自己心目中的理想大學。

　　筆者有一學生學業成績優異，立志成為醫學院學生，未來懸壺濟世，幫助更多的人，因此除了學科成績必須有一定水準之外，對於第二階段的面試也及早準備，要求自己基本學科表現及醫學專業技能有所準備外，更投入大量功夫在口語表達及各種語言的精

進上。

　　在此，筆者就曾輔導過高中生參加醫學院第二階段的考試經驗來分享其中的準備過程，提供各位師長參考。首先，必須準備自己的自我介紹，這應該是必考題，初次見面，儘管已經有備審資料裡的考生參考資料，但為了能夠更進一步的了解考生的背景及個人特質，自我介紹不能少，其中要準備的，包含中文版及英文版的自介。

　　自介的擬稿方向包含自己的學經歷，專長與興趣，語言程度及個人的特質等，不一而足，考生可以自己就本身的條件與過往的學習歷程來建構，其中值得一提的是自我介紹這個部分，自介說得好，可以快速的讓教授得知自己報考醫學院的動機及自己為了成為醫學院學生所做的準備，透過話語來讓教授得知，既然是與眾多的優秀學生同場較勁，大家都是有備而來，因此必須在準備好自我介紹後還要多演練幾次，首先自己對著鏡子練習，然後說給父母師長聽，最後在模擬練習時再正式發表，其中早已不知道練習了多少次，也因為有師長的指導自己得以即刻修正，而對

於內容更加精熟，能將滾動修正後的成果在口試場上加以呈現，讓教授肯定認同。

自我介紹可以說是引導教授提出問題的基本素材，透過自介可以了解考生的基本資料與動機，教授會藉此來切入提問更多的問題，或是針對考生回答的內容追問，以獲得更多的訊息，自介說得好，可以為自己加分，也可以限縮教授的可能提問範圍，避免讓教授任意提問，降低不會答的情形出現的可能。

再來，考生必須就自己所要報考的學科擬出關鍵字心智地圖，把所有與所要報考的學系關鍵字做一完整的構思，以利自己可以掌握所有相關的議題，然後尋找資料閱讀加以準備，下足功夫準備與演練，才能讓自己順利通過考驗，成功考取自己的理想學校。

口試選材的標準不外乎檢核「專業」、「經驗」與「熱情」，從口試問題中檢核考生是否與基本的準備，對於未來的學習相關專業有沒有涉獵與基礎，能否就過往的學習經過，提升與報考學習有相關聯的學習經驗，並從回答問題與說話的過程中來檢核學生有無學習熱情，能否展現良好的學習態度。

以上這些檢核標準都是植基於口試應答的該有的基礎上，因此如果有良好的口語表達能力與說話技巧，一定可以為自己加分。

　　自我介紹因為都圍繞著自己，所講述的內容都與自己有關，可以事先準備之外，其他的題目會怎麼問沒有人知道，只能盡可能的做準備。不過，考生可以換位思考，先行就自己所準備的自介內容與備審資料來準備，思考身為口試委員的教授會問自己什麼問題？對於過往的學習歷程會對什麼感興趣，將可能被問到的內容都思考一遍，並試著嘗試回答，如此一來，雖不中亦不遠矣。

　　另外，由於是面對面的互動，所以必須注重與教授互動，包含眼神的專注與交會，手勢的運用，以及聲調語速的掌握，都必須要面面俱到，考試是高張力的比賽，此消彼長，唯有萬全準備，才能勝出。

　　善用舉例說明，可以幫助教授了解我們的想法與看法，多提些過往的相關學習經驗，有助於讓教授知道我們在遇到問題時會如何處理，畢竟能夠獨立學習的學生是我們所期待的，所以考生可以在口試回答過

程中適度的舉例說明自己曾有過的相關學習經驗，藉此讓教授知道我們是擁有邏輯思考與問題解決能力的學生，並展現熱情讓評審眼睛為之一亮，藉此幫助自己順利上榜。

　　口試應答雖說不能百分百真實的選出優秀的人才，但就現今的考試制度來說，也不啻是一種大家覺得相對公平可行的考試方式，重點是可以透過實際的言語表達與真實互動，來測試考生能力，檢視準備成效，來找出優秀認真的人才來。

　　考試領導教學，所以我們也應該與時俱進，以終為始，既然未來孩子參加大學申請入學必須參與口試應答，那麼我們平時就應該讓孩子多些說話及表達的機會，做中學，在生活中來體驗口語表達的相關學習方式，並且培養孩子主動學習及互動良好的說話方式，畢竟未來走入社會必須與人互動，有好的口語表達說話能力，自然能夠幫自己創造無限可能，讓自己的學習表現達標。

簡報專業說話術

　　簡報能力是職場所需要的能力，在學校裡也是學生上台報告所需要的關鍵能力，除了簡報的製作需要花費心力之外，在進行簡報發表時，也應該多花些心思來研究如何將簡報內容表現得更好，這時就有賴簡報技巧及簡報說話的方式了。

　　回顧簡報製作及上台報告的過往經驗，很多人都習慣將大量的訊息呈現在簡報內容裡，一股腦兒想讓與該主題相關的內容都放進去，據筆者個人的經驗及思考，之所以會想用這樣的方式來製作簡報，主要是害怕在進行實際簡報時會望簡報而不知所措，不知道該講哪些話，只好將所有的訊息都放進簡報裡，一來方便簡報時有內容可用以自我提醒，二來可以增加表

面效度，但就聆聽者的角度來說，過多的訊息，或是密密麻麻的文字排版在簡報內容畫面裡，會造成簡報聆聽時無法快速掌握重點，簡報者一味的將畫面上的內容唸出來這樣的方式也會令聆聽者感到枯燥無味，並不是能夠成功獲取聆聽者眼光與專注的有效簡報方式。

　　簡報媒體都有一個大綱模式及報告內容提醒模式，主要的用意就是讓進行簡報的人可以參照自己所預先擬定的簡報口說內容來加以註記，而呈現給聽眾的畫面就可以重點呈現，不需要有過多不必要的資訊出現在畫面裡，產生干擾。因此，在進行簡報時，我們也可以掌握大方向就好，就最重要的訊息來加以呈現，以圖表來說明，方便讀者快速掌握基本訊息，其他需要補充的資料就由口頭方式來呈現，當所有的訊息都出現在畫面上，就不需要簡報者了，聽講者自己閱讀就懂了，這也失去了簡報的意義了。

　　簡報時，首重與聽眾互動，先喚醒注意力，然後快速掌握聽眾目光焦點，有助於後續簡報時的順利進行，並能讓聆聽簡報的人照著簡報者的節奏來聽講，

簡報畫面是輔助簡報的一部分，聲音與語調也是影響成敗的關鍵，進行簡報時應該要全面關注，才能進行一場成功的簡報。

為了成功引起聽眾注意，一開始可以提供相關的數據來與聽眾互動，數據會說話，在一開場時如果可以分享幾則數據或是提供相關統計數字，則可以滿足聽眾的求知慾與好奇心，快速的喚醒注意力，並掌握聽眾的目光焦點。例如，在畫面上呈現 3，6，9 三個數字，問問台下的聽眾知不知道這三個數字個代表的意思是什麼，這時有些人會嘗試回答與簡報者互動，在充分讓大家都表達意見後再公布答案，3 是劍湖山，6 是六福村，9 是九族文化村，這三個數字與台灣的遊樂園有關，大部分的人都有過相同的生活經驗，此時就能讓聽眾會心一笑，這時可以再出現一個數字 1，讓聽眾再猜一次，因為有前面的引導，這時就可能在聽眾所回答的答案中出現義大遊樂世界，透過這樣的互動方式拉近彼此的距離之外，也開啟了簡報的序幕。

此時，如果可以在下一張簡報內容中呈現出每年

國人到各大遊樂園遊玩的數據及統計數字，則可以讓人更加清楚遊樂園營運的現況，當然，如果有圖表畫面來輔助呈現，簡報者就可以更容易讓聽眾知道自己所要表述之意。

提問是簡報說話的技巧之一，善用提問技巧，可以幫助聽眾來思考問題，對於簡報內容可以有更多的掌握。除了提問之外，簡報時也可以善用提示技巧，我們大腦的運思有其一定模式，當眼前一片空白時，大腦就不想運作，但當獲得部分訊息提示時，我們就會嘗試來思考，獲得越多的訊息，則越有可能知道正確答案，因此提示給聽眾相關的訊息也是幫助聽眾注意聆聽的可行方式。

另外，簡報時的說話速度不宜太快，說話的聲調也不能太平，因為是雙向互動的說話場合，所以簡報者說話聲音的抑揚頓挫有助於聽者聽得更清楚，更容易掌握重點，因此，在簡報時也要留意。

一場成功的簡報有賴多方的考量，不僅簡報內容製作要用心之外，簡報的呈現方式也要講究，才能達到所預設的目標。簡而言之，簡報技巧不在於自己簡

報內容講得多好，而在於自己所說的內容有沒有辦法讓聆聽者能聽得進去，然後聽得下去，再多的準備，如果沒有掌握聽眾的心理，還是白費力氣，因此善用表達方式與說話技巧，以聽眾為主體來進行簡報，多加練習，必有收穫。相信簡報力會是你未來的競爭力。

08

學說話前先學問問題

　　有人說，會問問題比會說話重要，你覺得呢？應該這樣說，當你會問問題，自然你就會回答問題，當然不斷地透過問題的提出來聚焦問題意識，就可以讓自己對於問題掌握更有把握，當然也可以對於事情有全盤的理解。

　　黃金圈的理論就是透過問題來幫助思考，可以讓自己的思考方式更完整，藉此來建構自己的知識地圖，是有效的學習策略。練習口語表達，在學說話時也是如此，先想想「話要怎麼說？」「話要怎麼說出口？」「還可以怎麼說？」「如果這樣說結果會怎樣？」「怎麼說會更好？」「該說些什麼？」如果可以在說話前先思考上述這些問題，則可以讓自己避免因

為說錯話而造成的誤會與誤解，所謂的「禍從口出」，就是因為沒有仔細想想話該如何說所造成的，當然，如果可以想想話該怎麼說，如何說會更好，然後再說，就可以讓自己的話說得更得體，說得更好，「口若懸河」意指說起話來像瀑布一般，滔滔不絕，比喻能言善辯，如果可以在說話前全面觀照，懂得問問題，不管是向他人提問以擴大知識庫，或是得到解決問題的策略，或是自我提問，問問自己該思考的相關問題，以澄清概念及並促進邏輯思維的運行，如此一來就有助於讓自己說話說得更好。

因此，要學習精準表達之前，必須先思考如何問出好問題，當學會了問出好問題，那麼自然可以從他人回答的內容中有所收穫，同時也可以進行反思與回饋，並再提出具有深度與價值的問題，當然在提問與回答的過程中，就能不斷的互動與激盪，提升思考與表達的能力。

時常在課堂中會發現學生喜歡提問，曾有一次，在學生提問時有別於以往直接給予答案，反過來我還特別把問題丟回去給學生，那次的突發奇想卻帶來

了意想不到的收穫，對於我後來的課堂教學有很大的啟發。

學生：「老師，為什麼每天都要寫回家作業？」

老師：「你覺得每天若沒有回家作業會怎樣？」

學生：「我覺得會很好，我就可以做我想做的事了，不過我爸媽可能不同意。」

老師：「為什麼妳爸媽會不同意你沒有回家作業？你不是說沒有作業你就可以做你想做的事了。」

學生：「因為我是學生，所以必須每天都要寫作業。」

老師：「為什麼學生就應該每天寫作業，難道老師不用寫作業嗎？」

學生：「老師以前也是學生，老師過去學生時代也寫了很多作業，所以現在有能力當老師。」

老師：「沒有能力的人就不能當老師嗎？」

學生：「當然，沒有能力的人當老師會誤人子弟，害了學生。」

老師：「所以你覺得老師應該怎麼做才不會誤人子

弟？」

學生：「老師應該適時的指導學生，給予學生練習的機會，才能發現學生錯誤的地方，並且把學生教會。」

老師：「所以，老師應該要出作業給學生練習囉，對嗎？」

學生：「是啊！學生本來就應該要寫作業了。」

老師：「那你怎麼會問學生為什麼要每天寫作業？」

順著學生的話，我提出許多的問題，並讓學生來回答，雖然老師沒有直接回答學生的問題，但最後學生應該就知道老師所要表達的意思了。

問題可以引導思考，最後具體表達，可以幫助我們用來練習說話，在此分享幾個提問問題必須注意的重點，分述如下：

首先，問題陳述必須清晰明確，讓聽的人清楚我們在問什麼，然後，問題本身必須具體，最好是對方可以理解，有過共同的生活經驗可以參照，另外，必

須聚焦問題核心來提問，並幫助對方釐清問題意識，才能讓回答者可以直接回答我們所要的訊息。如果我們所問的問題是開放的問題，則能讓回答者暢所欲言，能夠具體描述自己的回答內容。除此之外，也要留意開放問題與封閉問題是否循序漸進的提問，才能引導對方回答，進而得到更為全面的答案。最重要的是，問問題時必須不帶偏見且不預設立場，不然就會先入為主，給人刻板印象不打緊，而且所得到的答案偏頗，會讓得到的訊息失去參考價值。

學說話前先學問問題，要問出好問題則要反覆的對於提問加以練習，並且就對話的過程進行反思，持續學習就能有所收穫，當然也能問出好問題，並因為問了好問題而讓自己獲得有價值的回答。

09

系統思考與口語表達

　　表達是一種訊息傳遞，將我們內心的想法來讓他人知道，藉以達到溝通的目的。而要能有效表情達意，則必須以對方能否聽懂，能否接收到訊息來考量，因此，在表達時必須換位思考，以受眾的角度來想如何才能讓對方了解我們的想法，甚至是理解我們所要表達的用意是什麼，才能達到溝通的目標。

　　口語表達更需要如此，在進行口語表達時，會有大量的聲音訊息傳遞，如果要能讓對方掌握到我們所要表達的意涵時，說話技巧很重要，必須先抓住對方的注意力，然後所欲表達的內容才能讓對方接收到，另外口語表達內容的安排也很重要，透過系統思考來構思內容，並考量聆聽者的接受訊息心理，然後安排

說話內容的順序，看是由易到難，還是從閒聊再切到正題；從硬體方面來解說，再就軟體部分來討論，運用邏輯思維來幫助系統思考，然後透過有效的口語表達來達成自己學習或是工作上的目標。

所謂的系統思考，是一種綜合性的思考方法，強調將問題或是情況看作是一個複雜的系統，就像盤根錯節的網絡，彼此之間會有交互作用，也會相互影響，透過整理耙梳，可以在複雜的脈絡裡耙梳出理路，以理解個別的作業以及整體的運作，當全盤思考了解後，自然能夠做出更有效的決策。

說話就是大量訊息的傳遞，內容五花八門，如果聽與說雙方處於訊息不對稱的情況下，更是需要透過系統思考來進行口語表達，才能讓聽的人聽得清楚，掌握內容的概要，這樣的說話表達方式才是有效的表達。

記得有一次，在一場活動結束後的綜合座談上，有位參與活動的學員的口語表達方式令我印象深刻，主持人引導參與的學員就自己的收穫進行回饋與提問，那位學員主動舉手並說出自己的收穫，有別於其

他人採取直接回饋的方式，就心裡的感受與想法直覺地說出來與在場的夥伴們分享；他的說話方式讓我快速的產生記憶點，他說的內容概要整理如下：

　　謝謝主持人給我機會，回饋分享我今天參加活動的心得，在參與完整天的活動之後，我有三個收穫、二個建議，還有一個自我期許。三個收穫包括：第一，我學習到如何運用團體動力學來促進組織成員的凝聚力，以及團隊合作時該注意的重點與細節，還有就是如何帶領夥伴進行目標導向的任務執行。第二，我學到進行合作學習該掌握的策略，第三，在參與完今天的活動後我熱情滿滿，渾身都被充滿了電，信心十足。

　　兩個建議部分，首先，我要建議主辦單位，這麼好的活動只有辦一天太少了，至少要辦兩天以上才行，另外，只參加一次不過癮，我要建議今天參加活動的夥伴們都要再回訓一次，才能熟能生巧。

　　一個期許，就是要期許自己未來在工作職場上可以發揮影響力，帶領組織成員運用團體動力學，創造

團隊業績提升，幫助夥伴們自我實現。

　　這位分享的學員回饋內容就是運用了系統思考來進行口語表達，三二一的數字使用，輕鬆的引導現場的夥伴們專注聆聽，且可以抓到重點，再就自己親身參與其中的學習收穫與未來展望以「建議」及「期許」的方式來加以思考，快速整合出要分享的內容，除了讓自己成功的進行了一場回饋短講之外，也讓現場共同參與的聆聽者印象深刻，這就是系統思考所產生的效益。

　　生活經驗中也有許多我們可以用來做系統思考練習的素材，師長們可以加以應用，帶領孩子學習系統思考，同時也練習口語表達。例如，教孩子寫作文時，避免掉流水帳的方式，就是以早上、下午、晚上作為思考一天做了什麼的方式來幫助孩子有效思考，練習分類整理一天中所發生過的事情，可以解決孩子習慣用「然後」這個連接詞來把所有一天發生過的事情完整交代，有助於孩子更有系統的思考，整理生活經驗並聚焦重點來進行表述，透過系統思考在回顧

完一天的經過後，簡單整理就可以進行口語表達練習了。舉例說明如下：

　　今天真是忙碌的一天，從早忙到晚，一刻不得閒。早上起床後就開始整理房間，由於太過投入認真收拾分類書架上的書，我都忘了吃早餐，直到下午肚子咕嚕咕嚕叫時，我才驚覺還沒吃午餐，趕緊到冰箱裡找些東西果腹，忙了一整天總算有了小小成果，到了晚上，我坐在房間裡，一邊吹著冷氣，一邊欣賞著擺放整齊，井然有序的書架，心中滿滿的成就感。雖然一整天好像沒做什麼事就過了，但對我而言，卻是非常有意義的一天。

　　這樣的系統思考方式，就是幫助孩子來篩選訊息，將過多的訊息加以整理，然後留下重要的，有用的訊息，然後整理訊息，就所要用到的訊息加以整理，考量邏輯脈絡來整理順序，最後充分思考再進行口語表達練習，就能一舉兩得地練習到思考與表達。
　　口語表達能力的培養需要長期的時間投入，找到

方法，持之以恆，在生活中反覆練習，滾動修正，就能讓孩子想得快，想得好，表達精準，又說得好。有道是「系統思考有一套，口語表達沒煩惱。」應該就是這個意思吧！師長們一定要鼓勵孩子多思考，勤表達，練習之後一定會更好。

PART 3

增強面對大眾的自信

口語表達的精進，

除了會說之外，也要學會問，

懂得問好問題，就能得到好答案，

精準提問可以有效引導對方娓娓道來。

01

記者工作初體驗

電視新聞上記者一擁而上堵著麥克風詢問官員的畫面你一定不陌生吧！其實記者在堵麥的過程中，心裡也正想著該如何提問，才能精準的達到採訪的目的，成功的讓受訪對象回答問題，完成採訪工作。另外，電視上的記者會，各家媒體記者的提問也是值得我們學習的喔！

口語表達的精進，除了會說之外，也要學會問，懂得問好問題，就能得到好答案，精準提問可以有效引導對方娓娓道來，問對問題除了可以節省時間外，更能與受訪對象培養良好的默契，有助於未來的後續合作。

要讓自己的說話技巧及表達方式有效的提升，學

習記者如何工作準沒錯。記者在採訪時，都會在實際採訪受訪對象前，先行準備思考，就採訪的主題來事先做好採訪大綱，預擬可能問答流程，有助於實際進行採訪工作時順利完成任務。因此，在課堂上我們也可以嘗試這樣的教學活動，讓學生體驗記者的工作與角色，設計採訪流程，思考並預擬問題，然後在教室裡進行角色扮演與實際問答。

　　我們都知道回答問題並不容易，其實問好問題也不容易，必須加以練習，在進行採訪問題預擬的過程中，可以從黃金圈的概念來切入，嘗試擬出初步的訪綱，例如利用「What」是什麼、「Why」為什麼以及「How」如何做來作為思考脈絡，試著從這三個面向來具體產出採訪大綱，沙盤推演應該問哪些問題，可以透過問題的思考將每一個問題的提問順序確認下來，在腦海中快速的掌握流程，有助於採訪工作的進行。

　　另外，有經驗的記者會仔細聆聽受訪者回答的內容，並且快速掌握意旨及關鍵字，順勢而為，引導受訪者回答，也透過提問，更深入的完成採訪工作。

　　記得在課堂中曾經設計過一個教學活動，讓學生

透過訪問來完成報告，並進行研究報告的撰寫，我就是採用讓學生模仿記者來進行實際的街頭訪問，練習提問，也與受訪者交流，最後完成新聞稿，達到提升語文能力的目標。我以「記者工作初體驗」為教學主題，讓學生就時下最風行的手搖飲來進行市場調查及訪問，讓學生兩兩一組，先在教室裡進行訪問與受訪的練習，當然要完成任務就必須先預擬訪稿，然後實際的進行訪問練習，學生為了順利完成任務，先就自己的喜好及生活經驗來寫下所要提問的問題，例如：你最喜歡的手搖飲品牌是什麼？你通常會點什麼飲料？一個禮拜大概喝幾杯手搖飲？讓學生試著學習體驗記者的角色，然後實際的訪問並摘要受訪者的回答內容，最後寫成一篇採訪稿，並在課堂上進行記者說明會的分享，把自己模擬成電視台主播，進行仿真的新聞播報，實際體驗播報新聞的樂趣，過程中笑聲不斷，學生們也收穫滿滿。

最後，在擁有基礎經驗與採訪心得後，讓學生走出教室，實際到學校各處室辦公室進行真實的記者採訪，將訪問稿錄下，並用平板進行錄影，回到教室後

再進行後製影片處理，分工合作完成手搖飲的喜好專題報導，從採訪到影片後製，在在都是學習，讓學生練習問與說，並嘗試將口頭語轉為書面語，寫成文字報導，並將採訪資料的書面語轉譯為新聞播報稿，讓每位學生都有機會在學習過程中練習說話，並且把話說好。

讓自己化身為記者，進行記者工作體驗，試著學習採訪，思考如何提問，並且用適切的口語表達方式來與人互動都有助於語文能力的提升，是練習說話的可行方式，大家可以嘗試一下，一定會有意想不到的收穫。

主播報新聞仿真練習

　　電視新聞台的主播給人的印象就是落落大方，口語表達流暢，咬字發音都十分清楚，給人專業的形象，也因為專業的播報技巧及表達方式讓新聞內容能夠傳遞給每位閱聽大眾。

　　主播的養成有其一定的歷程，不管電視主播或是電台主播，都必須讓自己的說話能力提升，從新聞播報稿的撰寫，到新聞稿的轉譯口說出來，都必須要字斟句酌，把每個字都讀對之外，還要能夠知道文稿內容及情境發展，才能掌握重點，適切的將播報內容呈現給觀眾及聽眾。

　　主播工作是大眾認可的口語表達專業，因此，我們也可以在生活中向主播學習，讓自己的表達能力提

升，從閱讀認字，到文稿撰寫，然後播報演練，到與觀眾的互動都是我們可以模擬進行演練的，以讓自己的表達能力提升。

在課堂中如何進行主播的仿真練習呢？「從讀到寫」是可以採行的策略。主播每天除了播報新聞之外，也必須閱讀瀏覽各大報及網路上的新聞，才能全盤掌握社會脈動及每天發生的大小事，除閱讀中累積時事敏感度，才能深度報導及持續追蹤新聞事件的後續發展。在課堂裡或是生活中，我們都可以讓孩子來練習讀報，報紙的選擇可以先從有注音的國語日報開始，循序漸進到沒有注音的各大報，讀報的內容可以選擇文教新聞及科技新知，除了讓孩子提升語文能力，也增廣見聞，可以擴大自己的視野，與世界接軌，培養國際觀。

然後，讓孩子選出其中所閱讀到的一篇自己感興趣的文章來試著讀出來，在把報紙文章內容讀出來前，先試著拿筆圈出重要的語詞與不熟悉的生字新詞，並查閱字典以確認該詞語的正確讀音及其中的意涵，避免在正式唸讀文章時唸錯讀音，且能因為事先

查找字典而了解語詞的內容涵義，在唸讀文章時更能詮釋得當，語氣符合文意。

在孩子讀完文章並練習完畢初步掌握文章意旨及正確讀音後，可以讓孩子兩兩一組相互練習，試著從說與講的兩個不同層面來感受所呈現的文章內容，此舉有助於孩子不是只有一味的說話，還必須要關照到聆聽者的感受，讀報的速度不能太快，聲音不能太大聲，聲調要注意，逗號及句號的呈現要留意，透過讀報練習來學會如何有效且清楚的播報一則新聞，讓聆聽者可以聽得清楚，懂得內容大意。

兩兩練習後，讓孩子們相互回饋，講講彼此的優點並說出可以更好的地方，然後就需要改進的地方再次的練習，當孩子們都練習完畢後，讓孩子將報紙的文章內容的書面語轉化為播報的口頭語，孩子們必須嘗試用自己可以駕馭的口吻來寫下文章的大意，並實際的說出來，由於書面語與口頭語有些落差，必須自己嘗試摘要寫稿，在實際播報練習時才能流暢的說出所要播報的文章內容。

將書面稿轉譯為播報的口頭語文稿後就可以安排

主播播報新聞的仿真練習，既然是仿真練習就必須要慎重其事，大到場景的設置，架設攝影機，佈置主播台，小到服裝穿著，眼神的關注及手勢，都要仔細關注，然後讓孩子正裝上場，進行新聞模擬播報。上台播報新聞是新鮮的嘗試，孩子可以體驗主播報新聞的感覺，並從中獲得學習經驗，師長可以將孩子仿真練習的過程錄影，事後可以共同討論修正，以讓下一次的上台表現更好。

提升孩子們的口語表達能力的方式有很多種，透過主播播報新聞的仿真練習可以讓孩子做中學，重視自己的發音咬字與閱讀文章要旨外，更能面對鏡頭侃侃而談，奠基未來的口語表達資本，也培養穩定的台風表現，是我們在日常生活中可以讓孩子嘗試學習的方式，大家不妨也帶著孩子嘗試看看，既新鮮又有趣，一定會有許多意想不到的收穫。

小小說書人

說書，是傳統大家熟悉的說故事方式，天橋下的說書人，就是在講有人在天橋下說故事，來來往往的人群中有人被故事內容及故事表現的方式吸引而駐足下來，除了聽得入神之外，也因為說書人的故事表現方式而著迷。後來這種天橋下說書的情景轉換為廣播劇的呈現方式，打開收音機就可以聽到有人說故事，在電視劇尚未流行時，收聽廣播劇聽故事是許多人的休閒娛樂，走在路上常可以聽到路邊的小販正播放著廣播，收聽著主持人說故事，這樣的廣播節目雖然退流行了，但還是繼續存在著，後來演變為現今的 Podcast 播客，以及 TikTok 短影音媒體的訊息傳播方式。

無論以前或是現在，不管何種媒材或是表現形式，說故事都是受人歡迎的體裁，當然也可以是我們練習說話及口語表達的切入方式，在練習說故事時，因大量閱讀而讓自己擴大視野及個人知識庫外，也因為不斷且反覆的就同一個故事進行講述及演繹而讓自己的口條流暢，修正自己的發音咬字外，也學會情感投入及情境感覺的表現，讓自己說話更有亮點，更能打動人。

　　練習說故事可以讓自己說話的技巧提升，更可以從說既有的故事外，進行故事改編及創作，豐富想像力，更可以進行情感的詮釋，是所有說話技巧中高層次的表現方式，讓自己沉浸在各種情境之下，透過話語表達喜怒哀樂，引人入勝。

　　說故事好處這麼多，因此我們可以自己練習說故事，也教導孩子來練習說故事，除了拿起繪本、故事書來說故事外，我們也可以透過桌遊遊戲來學說故事，坊間有一款桌遊遊戲「小小說書人」，就是設計成讓大家藉由說故事的方式來互動遊戲，藉由卡牌的圖像詮釋，聆聽別人的圖片敘述，然後按照自己的牌

卡內容接續前一個人的故事內容，可以天馬行空的發展故事情節內容，也可以原原本本的將卡牌圖片內容完整講出來，玩家通力合作一起創作一個獨一無二的故事超級有趣，且每一回合都是全新的故事創作，每個人都是故事的創作者，參與其中，專注聆聽之外，多玩幾次《小小說書人》這個桌遊，創作力及想像力就能大大提升。

另有一款桌遊遊戲「從前從前」可以讓大家來練習床邊故事，就像是《一千零一夜》這本書藉由口頭的故事傳播，從以前到現在歷久彌新，版本不斷更新，藉由既有文本的講述及說故事者的詮釋，故事不斷的更新及轉譯，讓故事內容源源不絕的傳遞下去。「從前從前」這款桌遊就是藉由圖卡抽取，加上引導語的使用，讓玩家來看圖說故事，為了讓故事可以說得順暢，故事可以接續，除了使用「從前從前……」起頭，採用人事時地物類似記敘文書寫的方式來進行口語表達練習，並加入連接詞來接續不同卡片之間的情境，有圖卡內容文本的呈現，也有自己想法的加入，每一張連接詞的使用就會延長故事的發展，使用

轉折語氣的連接詞可以讓故事情節發展大轉變，藉由接力說故事及牌卡使用引導玩家腦力激盪，練習到了說話能力，也提升了自己本身的故事力，故事力就是未來的競爭力，不管學習或是工作都能派上用場。

生活中我們可以藉由看圖說故事的方式來練習說故事，也可以使用坊間的牌卡或是照片圖集來練習聯想思考，像是坊間的紅花卡，每張卡面的圖像都不一樣，不同人來解讀有不一樣的感受，當然在不同的情境及心情下，拿到紅花卡看到裡面的內容也會有不一樣的解讀，我們可以拿著紅花卡來進行聯想思考，再以不同情境來加以練習，例如角色扮演，如果我是老師的身分，我抽到一張旭日高昇的卡片，我們就可以聯想到老師給學生的溫暖就如同旭日高昇，不斷的給予孩子鼓勵與照顧，幫助孩子學習成長，利用大量的卡片及不同情境及場合運用，來進行說故事練習，說出自己心中的想法感受，也提升自己說話的技巧。

說故事是每個人都要練習的說話方式，在行銷自己的自我介紹中說自己的故事，在行銷品牌時說自己品牌及產品的故事，在與他人互動時分享故事，可以

促進彼此的情誼，提升相互認同，為自己帶來好人緣
及品牌肯定，也發揮自己的影響力，就讓我們藉由練
習說故事來提升口語表達能力吧！

我要當 YouTuber

　　根據媒體報導，現今學生未來最想從事的十大行業之首就是 YouTuber。大家所認知的 YouTuber 好像是拍拍影片，搭配廠商的行銷企畫來進行專題影片拍攝及宣傳，偶爾接接業配，工作有趣，可以接觸到新的事物，收入也不錯，而且最重要的是不用受制於人，自己就是自由工作者，不用上下班打卡，也不會有老闆的耳提面命及在工作上有業績的壓力，也因此許多年輕人投入 YouTuber 自媒體的工作行列。

　　要當一位能夠有穩定收入的 YouTuber 則必須有多元的能力，並不像大家所認知的就是拍拍影片就可以有收入，而是必須有敏察時事的能力，以及企畫撰稿的能力，當然面對鏡頭能夠侃侃而談就是最

主要的關鍵，反覆為之，量變可以造成質變，業餘的 YouTuber 因為重複做一件事的緣故，也會越來越精進，在自己的專長領域影片拍攝上漸入佳境。

　　要提升自己的說話技巧與口語表達能力，是可以試著面對鏡頭來加以練習的，過去師長時常跟我們說，練習說話可以對著鏡子裡的自己來練習，現在是自媒體時代，手機打開連上網路就可以連接全世界，因此除了對著鏡子練習之外，也可以對著鏡頭來練習，更可以因為線上直播的關係，直接與線上的觀眾粉絲互動，回答問題或是介紹風景，也可以化身拍賣直播主直播帶貨，臨場感十足的與觀眾互動，更能快速累積自己與人溝通交談的能力，在拍攝開箱影片時慢慢累積經驗，可以依照著事前對於產品所做的功課準備來拍攝產品介紹或是試用的影片，化身為產品的代言人，透過影片的傳播，為自己帶來可觀的收益。

　　在課堂上或是生活中，我們也可以帶著孩子們來進行影片拍攝，試著讓孩子也來體驗一下 YouTuber 的工作及影片拍攝後製的歷程，從主題選擇，腳本的撰寫，播報試音，試鏡走位，到影片受眾的區隔，與

觀眾互動的言語內容定調，再到實際影片的拍攝與上線，這都是可以讓孩子實際練習說話技巧的方式，在體驗未來熱門的行業同時進行職涯探索，也讓自己在體驗夢想中的未來行業工作過程中練習到說話的方式及表達的技巧。

　　要讓點閱率增加，粉絲黏著度提高，除了影片的題材新穎之外，影片拍攝製作者本身也要充實基本功，在影片中出現的自己的聲音不能太小，說話要清楚，語速要適當才能讓觀眾聽得清楚，重要的是要能抓住觀眾的心，定期推出新的影片，才能培養死忠的鐵粉。

　　筆者經常觀看 YouTube 上的汽車頻道，每個車媒的影片特色各有不同，有的是以汽車專業見長，有的是以汽車市場消費分析為導向，更有汽車性能實際測試為主要訴求，後來因為時間有限，我只能挑選其中一個頻道來加以追蹤觀看，因為在看這類影片時我經常伴隨著其他的工作同時進行，所以通常是以播放影片邊工作邊聽的方式來觀看，聽到重要內容時，我才轉向銀幕仔細觀看，也因此我必須挑選汽車頻道主持

人說話方式能讓我清楚聽得懂的來訂閱影片，藉此來充實我對於汽車科技及汽車銷售市場的掌握，左右我選擇汽車影片頻道的關鍵就在於影片中的主持人的口說能力，由此可知，口說能力好，口條表現佳就能凸顯自己的競爭力，因此，我們必須在生活中透過各種方式來提升自己的口說及表達能力。

我有個朋友是汽車銷售業務員，他也是影片自媒體的製作人，透過影片記錄自己的日常，雖說不是汽車頻道的專業主持人，但也是透過手機鏡頭直播，每天與觀眾分享自己的汽車業務員生活。由於每天重複做同樣的事情，打開鏡頭與觀眾粉絲打招呼互動，並且分享生活周遭的大小事，每天都在說話，且在各種場合及情境中分享心情及事件，久而久之他自然能夠侃侃而談而不辭窮，口條流暢之外，說話的語氣也能讓人願意繼續聽下去，這就是持續練習的好處，可以讓我們的說話能力提升，表達溝通無礙。

因此，如果要培養孩子的口語表達能力，我們也可以讓孩子拿起手機錄製自己的 Vlog 影片，隨著鏡頭帶到哪裡就試著敘述說說自己的所看的情景，這是

陌生的體驗，但也是極為有效的練習方式，一回生二回熟，只要持之以恆持續的練習拍攝自己的生活記錄影片，一定會發現自己在生活中的敘述能力提升了，接著再來拍攝主題影片或是練習開箱產品介紹，一定不會辭窮，且會駕輕就熟，讓說話變成是生活中的一部分，且越說越好。

下次，當孩子說長大後要當 YouTuber 時請給予鼓勵，並幫助孩子在生活中就開始練習影片拍攝剪輯，開設一個自己的專屬頻道，打開手機鏡頭就開始記錄介紹自己的生活吧！

05

Podcast 播客正當紅

Podcast 有人把他稱為播客，顧名思義就是類似廣播節目般，可以供用戶訂閱下載收聽的音頻節目，由個人或是機構團體錄製後上傳到相關網路平台。知名的 Podcast 平台有 Apple Podcast、Google 播客和 Spotify 等，都是十分受到用戶喜愛，收聽的客群廣泛，也因為採音訊方式來製播，方便通勤族收聽，是近來流行的一種音訊社群應用媒體。

Podcast 強調的是自主收聽，自由製播，不會像廣播電台節目一樣，會有時間上的收聽限制，可以隨選即聽，訂閱喜歡的平台頻道及節目，任何時間只要連上網路找到想要聆聽的節目主題及集數就可以聽到其中的內容，也可以隨時暫停，想要接續聽下去按個

鍵就可行，讓聽眾可以沒有壓力的隨著自己的時間來收聽。因為製播來源自由開放，其提供收聽的節目多元豐富，包含新聞時事，文化娛樂、流行音樂及國際潮流脈動等，都可以在平台上搜尋到。

隨著智慧型手機興起及無線網路的普及，使得Podcast 蓬勃發展，成為互聯網上重要的聲音傳播媒介，也是現代人通勤、休閒，或是學習新知不可或缺的一部分。

「生生用平板」是近年來教育部重點推動的政策，教師或是家長若是要培養孩子的語文表達能力，也可以利用平板輔助教學的策略，利用平板電腦上內建的Podcast 軟體，或是在 APP 商店裡下載的 Podcast 軟體來讓孩子收聽富含教育意義的節目，可以依其所感興趣的頻道來加以訂閱，收聽節目並摘錄筆記，有助於專注聆聽及擴大知識範疇，網路上熱門的節目推薦給大家，例如《百靈果的雙語新聞》，可以讓孩子同時以兩種語文來收聽新聞，掌握國內外大事。另外，《下一本讀什麼》可以藉由主持人的推薦分享知道更多好書，更可以藉由節目內容的收聽，知道主持人所

分享的好書內容，透過音訊收聽的方式，對於忙碌的現代人是一大福音，當聽到喜歡的書籍內容時再來購買或是借閱，都是省時又方便的書訊接收方式，若忙碌的你平時沒有時間開卷讀書增加新知，則可以收聽節目來獲取更多書本的新知及主持人的閱讀分享。

　　當然，我們也可以指導孩子來申請 Podcast 帳號，與孩子一起在網路上開設一個專屬的 Podcast 分享頻道，錄製聲音節目，來精進自己的說話能力，報讀每日報紙上的新聞，或是分享學校裡的大小事，透過節目企畫的方式將所要分享的內容及主題規畫下來，蒐集整理資料後進行錄音，最後再加入開場音樂及過場音訊片段，將一段一段的音訊內容錄製下來上傳到 Podcast 平台上，久而久之隨著錄製的音訊節目變多，孩子成就感也會跟著提升，最重要的是這整個音訊節目製播的過程，就是最好的學習歷程，從收聽各熱門節目的內容，到學習模仿別人怎麼分享內容及開口說話，到如何提升自己的口語表達能力，這都會是讓孩子語文能力提升的重要養分，是師長們可以引導孩子進行語言學習的良好策略。

開設頻道錄製 Podcast 音訊節目正當紅，每一個孩子都可以是播客，只要願意學習，現在開始都不嫌晚，從大量收聽各類型的節目，到模仿自己喜歡的主持人的說話表達及節目製播方式，然後自己來化身為節目主持人，分享生活點滴，或是抒發心情都好，將自己的聲音錄下來並分享，點滴累積後必有可觀的收穫。Podcast 是數位學習時代結合網路及數位載具下的新產物，我們可以利用來幫助孩子發展學習之用，讓孩子的生活經驗多元開闊，也幫助孩子的口語表達能力提升，既可以有趣學習，又可以引領潮流，用最新的方式來學習，真可謂一舉數得，推薦給大家。

玩 TikTok 學說話：
吃播說話不容易

　　什麼？玩抖音竟然可以學說話，人家不是說「抖音一響，父母白養」嗎？怎麼還說玩抖音可以學說話！

　　近來 TikTok（抖音）成為青少年間流行的話題，許多學生看著 TikTok（抖音）這個影音串流平台上的短影音來學跳舞，當然更多人刷著 TikTok（抖音）上的影片，看著自己喜歡的影片，由於每段影片內容長度大概只有一至兩分鐘，可以快速的就看完一則影片，另外由於網路轉傳分享影音的緣故，當大家看到喜歡的影片或是有趣的影片，動動手指就分享出去，短時間在就可以造成風潮，形成大家茶餘飯後的討論

話題。

　就像前不久韓國花朵舞就造成廣大的迴響，到處都可以聽到這首由韓國女團 BlackPink 所唱的歌曲，並且由不同人來進行二次創作，以手勢為主的舞蹈跟風更是讓人不經意的就跟著動了起來，下課時學生們不管男生女生排成舞蹈隊形，邊哼歌曲就邊跳起舞來，好像每個同學都會跳，可見其影響力有多大。

　在 TikTok 上的影音短片內容多元，其中另有一種影片獲得廣大觀眾的喜愛，就是探店開箱吃播影片，現代人喜歡嘗鮮又不想踩雷，想要當個聰明的消費者，過去總會到網路上看餐廳的評價，現在則是跟著 TikTok 影片來尋找美食，有些吃播影片主持人總會製作新開餐廳的探店開箱影片，吸引一票喜愛嚐鮮的粉絲追蹤影片頻道，跟著吃播影音主持人一探究竟，看看這間新開的餐廳吸不吸引人，有沒有值得到店消費的價值，還有店裡哪些菜色值得點來吃，看著吃播影片中餐點美食的畫面，再加上主持人邊吃餐點邊介紹自己吃了餐點的感受與心得，就可以知道這家店值不值得到店消費品嚐。

吃播影片會影響美食店家的生意，當然吃播主持人的介紹方式也會影響觀眾願不願意繼續將影片看下去，畢竟 TikTok（抖音）上的美食節目影片五花八門且不計其數，只要觀眾不喜歡，隨手往上一滑，就有下一則影片出現，因此主持人的口條或是影片旁白介紹就顯得重要，必須呈現視覺感受及實際品嚐口感，並就餐點的價格及烹調方式加以介紹，且必須有新意及自己的風格特色，流暢清楚是最基本的，如果可以帶有個人的魅力讓觀眾耳目一新則可以帶來穩定的觀看流量，也會有一票死忠的粉絲追蹤，成為網路上的吃播網紅。

但，要當個吃播網紅並不容易，必須有扎實的基本功，從觀察到敘述，從表達到互動，都是成就一則受觀眾喜歡影片的關鍵，每一位受歡迎的吃播影片直播主一定都下足功夫，從店家基本資料的閱讀，到餐點的特色及形式風格，到自己的口感敘述形容用語，都必須事先研究準備並在影片拍攝前順稿練習，才能順利完成吃播影片拍攝，雖說人人都可以拍吃播影片，但真的拍得好的也不多，必須用心投入其中，且

反覆的嘗試練習，才能有所收穫。雖說吃播拍片不容易，但我們也是可以來嘗試看看，說不定你我都可能是下一位受歡迎的網紅吃播影片創作者。

　　至於怎麼嘗試呢？其實在生活中加以練習即可，對於我們所吃的物品來稍加敘述，每天吃三餐可以練習敘述餐點特色講出口感，一個月下來就有近百次的重複練習效果呈現，可以達到口條順暢提升及觀察敘述能力提高的效果。詞到用時方恨少，當看別人吃播影片時總能看到創作者侃侃而談，形容詞滔滔不絕的從口中說出，換到自己實際來描述自己所吃的餐點時，才發現怎麼一下子就詞窮了，這就是疏於練習的結果，平常在吃飯時我們頂多對所吃的餐點多看一眼，最常做的就是拍照上傳，經常透過文字分享，卻鮮少用說的方式來分享自己吃的餐點及感受，我們對於書面語的表達總多於口頭語的呈現，也因此突然要改變我們的表達方式就會卡關不流暢，但這是可以練習的，當反覆練習，持續進步後，我們也可以讓美食影片分享的話語如同書面文字分享一樣自然且豐富。

　　在進行吃播美食敘述分享時，我們可以採先事實

描述，後個人感受的方式來做思考，然後表達，先從我們看到的餐點外觀顏色、形狀，使用的餐具樣式，擺盤的巧思設計，到嗅覺的氣味感覺，味道濃厚清淡，再到吃到嘴裡的味道衝擊，最後再就心理層次來發表個人在吃到這道菜或是這餐點過往的經驗連結，以及當下的心情感受，透過有步驟的思考來進行口感描述表達，就不會不知道如何對自己的餐點來進行介紹，在能夠順暢介紹餐點後，再來刻意練習，要求自己每次的餐點介紹時都一定要加入三種不同的感官形容詞，及用一個成語來加以總結，如此一來，吃到不同類型的餐點時，就會有不一樣的形容詞使用，在詞窮時就勤加查找字典或是上網找資料，精進自己的敘述能力也增加語辭詞彙庫，透過在生活中的反覆練習，可以收意想不到的收穫。

當然，學然後知不足，在自己進行吃播表達練習時一定會遇到瓶頸，此時不妨看看別人的影片是怎麼敘述餐點，怎麼分享口感，不同風格的創作者有不同的特色，有的是字正腔圓，有的是用詞精準，從模仿到創造，學習別人的優點來改進自己的缺點，滾動修

正就能精益求精，讓自己說得更好。

　　看到這裡，你一定對 TikTok（抖音）改觀了吧，原來看 TikTok（抖音）也可以學說話啊！的確是如此沒錯，但必須先慎選挑過適合的吃播短影音影片，嘗試從中找出適合自己學習模仿的影片，然後試著自己也跟著練習，拍下自己的吃播影片，就算未來沒有成為短影音吃播創作者，至少也因此學會了說話的技巧，提升口語表達能力讓自己不再詞窮，說話不卡卡。

07

跨領域的廣播劇體驗

　　如果說電台廣播是單人的聲音傳播表現，那麼廣播劇就是一人分飾數角，或是多人分飾不同的角色，透過語言的傳遞來傳達所要表達的故事內容，透過聲音表情來詮釋故事主角的情感，因為只有聲音沒有畫面，因此比舞台劇更重視聲音的表情及口語表達的咬字與發音。

　　要提升口語表達能力，除了進行廣播節目錄製的練習之外，也可以進行廣播劇的體驗，且會有更多的趣味讓人樂在其中，既達到說話練習的目的，也增添生活中的樂趣，讓學習更多采多姿。

　　在學校裡，過去到現在一直都會有戲劇相關的比賽，從早期的話劇比賽，到現在的戲劇比賽，透過戲

劇活動的學習讓學生可以學習多元的能力，近年來還興起讀者劇場的比賽，讓學生看著劇本稿來將劇本內容進行多元的表現。

戲劇是以口語表達為基礎，肢體動作表現技巧是詮釋的關鍵，透過多元的形式來整體表現，可以展現學生多元能力，也是高層次的學習表現，然而在進行戲劇表演及練習時，必須大陣仗的準備相關的前置作業，勞師動眾外也耗時耗力，但若是稍加轉化為類似讀者劇場式的語言學習，則可以收其中的部分功效，可以讓學生學會劇場的表現方式，以及懂得如何透過語言及聲音來進行表演。

其中，廣播劇是方便教師在教學過程中來進行的教學活動，老師可以就課本裡的課文內容來加以改編，讓學生分工合作，多人分飾多角，透過聲音表情及流暢的文本語氣文句表現，來錄製屬於自己的廣播劇，從劇本唸稿到口氣的調整，從情緒的加入到劇情的轉折聲音的改變，都值得融入到語文課堂上來帶領學生學習。

以課本裡曾出現過改編自《三國演義》的選文

〈火燒連環船〉為例，就可以讓學生在國語課上分組來進行學習，從選角到飾演；從腳本的順稿，到真實的廣播劇錄製，點點滴滴都是學習，這一回合你當孔明，下一回合我扮演曹操，不同角色都體驗一次，隨著角色不同就必須轉換語氣與情緒，隨著課文裡的劇情轉折以及劇情的高潮迭起來變換說話的節奏與速度，這樣的課文詮釋方式是跨領域的學習實踐，可以學會文本內容外，也習得劇場表現方式，並藉由各種道具的加入產生多種音效，最後統整起來由學生自導自演，來錄製屬於自己的廣播劇。廣播劇可以是在課堂裡的分組發表，也可以是對外的公開演出，當家長聽到孩子精心製播的廣播劇聲音時，一定會非常感動。

語言的學習不是只有單一樣態，可以多元發展，帶領孩子錄製廣播劇就是跨領域的結合與表現，讓學生可以展現語文學習成果，也讓孩子有機會嘗試不同樣態的學習方式，讓學習變得更有趣，也讓孩子的說話能力更加進步。

模範生選舉政見發表

在台灣，每四年就進行一次的總統大選，另縣市長選舉與總統大選錯開，就目前的現況而言，每兩年就會遇到一次選舉，因此，民主政治的公民選舉對於民眾而言並不陌生，而其中的政見發表會更是大家所關注的焦點。

候選人對於選舉政見發表，總會用心構思與準備，除了選舉公報上所呈現的書面政見外，實際面對鏡頭的電視政見發表會更是讓選民可以直接感受到候選人的專業及內涵，透過直接發表的方式讓選民知道自己的理念訴求及未來的政策實踐方向，選民可以從中得知候選人的政見，並決定票投給誰。

政見發表會對候選人來說是挑戰也是契機，雖然

壓力大，但表現得好可以給選民直接的好感，更可以透過文字及聲音影像傳播讓大眾知道自己的政見，有助於選民支持度的提升，更有些候選人因為電視政見發表一炮而紅，成為家喻戶曉的政治明星。也因為現今的選戰進行方式隨著時代改變，更加重視銀幕形象及口語表達，因此電視台主播及媒體記者成為政黨延攬為代表政黨參選的熱門對象，透過其優異的面對媒體表達能力，及在電視銀幕前的專業形象可以為政黨加分，也為自己贏得選民的支持。

在學校裡也有自治市長及模範生的選舉，可以讓學生參與校園裡的民主法治教育活動，學習民主素養，也同時培養語文能力，讓自己體驗學習在眾人面前說話，理性的陳述自己的政見，表達想法為群眾發聲，有助於未來社會參與的連結。

要讓學生在學校裡有機會練習發表政見，透過條理化的方式來陳述想法，並且獲得同儕的認同，首先必須就所參選的項目來確立目標，以學校自治市長為例，就可以思考全校學生共同的需求是什麼？目前校園環境待改進的地方在哪裡？以自己的立場可以為全

校學生做哪些服務？思考公共利益化為政見內容。然後，試著將所有條列出來的內容依重要性進行排序，最後在就所有的政見內容中找出自己的競選政見主軸，並想一個響亮的競選口號，讓大家聽完政見發表後還能留下記憶點，像是「自治市長選我，學校一定會更好。」

由上述的思考方向，就可以將自治市長競選政見撰寫如下：

競選政見主軸「校園綠美化，環境人性化，學生秀才藝，安全樂學習。」

1. 爭取校園每棟樓層設置至少一部飲水機。

2. 改善校園環境空間，進行綠美化，校園死角增設自動照明設備。

3. 辦理校園才藝表演活動，進行才藝交流。

自治市長選我，學校一定會更好。

當競選政見構思好後，就可以進行實際的練習與口語表達技巧的提升了，從熟記政見內容，到進行語句及語氣及音量大小的校正，到對著鏡子練習，調整臉部表情及手部姿勢，藉由一次又一次的演練修正就

能逐步到位。在有了一定的練習基礎後，可以邀請家人一起來觀看首場政見發表會，利用晚餐時間來場餐桌上的政見發表，與聆聽的對象寒暄打招呼，到目的說明，再到實際的演說發表，然後與聽眾互動回饋，讓聽眾就自己所發表的政見來提問，再加以回答，除了流暢的講完自己的政見外，也要留意聽眾的感受並進行有效的雙向交流，抓到聽眾所提的問題重點，並且回到自己的政見來加以回答，都能讓自己更熟悉政見內容與聽眾的需求。

再來就可以在教室裡進行模擬演練了，畢竟在同學面前發表政見與在家人面前講話截然不同，必須演練再三才能駕輕就熟，且要請同學給予具體建議，來微調政見內容，增補修改其中不足的地方，然後邀請幾位同學來加入助選團，壯大自己的聲勢，也提高表面效度，讓自己更有自信。另外，可以邀請班上美工擅長的同學來協助政見海報的製作，可以讓實際上台政見發表時讓聽眾更清楚自己的政見。

最後，一定要練習拿麥克風來說話，如果是沒有拿過麥克風說話的人，在第一次拿麥克風講話時一定

會羞怯不好意思，其實拿麥克風說話是要練習的，確認麥克風有沒有聲音時切記不要用敲的，會產生噪音讓人不舒服，而是可以用聲音測試的，確認麥克風有聲音後還要調整音量大小才能讓聽的人聽得清楚。

面對全校師生的政見發表會一定會緊張，也可能會發抖，一但站上講台就能感受到那種臨場的震撼感，也一定能增加自己的上台演說經驗值。對於學生來說這樣的公開演說經驗是很難得的，當學生有過幾百人的公開演說經驗後，未來在幾十人的場合或是教室裡的學習場域裡，一定能隨心所欲，侃侃而談，畢竟都看過大場面了，有了成功經驗後，課堂口頭發表一定更有信心。

校園模範生政見發表會是讓學生體驗民主自治的學習活動，也是讓學生可以練習說話的場合，除了聽別人怎麼說話，怎麼發表政見，怎麼與台下聽眾互動外，也讓學生有機會去深入思考模範生可以為同學做些什麼，自己可以怎麼將自己的訴求與想法說出來，政見發表除了講完更要講好，在思考如何講完又講好的歷程中，就是有效提升口語表達能力的最佳途徑，

既實際又有效，也符合素養導向教學的理念，身為老師或是家長的您一定要讓孩子嘗試體驗一下，保證收穫滿滿。

09

活動司儀 cosplay

　　各大頒獎典禮中，最令大家印象深刻的，莫過於金馬獎、金鐘獎及金曲獎這三金頒獎典禮的典禮司儀了，他們的工作有別於主持人的靈活彈性，但必須適切的扮演好自己的角色，將報幕及活動進程掌握好，好讓整個頒獎典禮可以順利且順暢的進行。

　　因此，大小活動的司儀可以說是相當重要，除了協助控場，讓時間掌握精準，也需要臨機應變，視現場的狀況及情形來加以權變反應，協助解決活動現場進行的大小問題，是活動得以圓滿完成的重要關鍵。

　　記得學生時代班上有位成績優異的同學，她從小就是學校負責升旗典禮的司儀，必須負責升旗典禮的儀典進行，擔任程序的播報工作，由於必須在全校師

生面前進行司儀工作，學務處的老師還幫她反覆的訓練，從發音咬字，到典禮進行的各項活動介紹，都得要掌握良好，字正腔圓，聲音大小適中，還能清楚傳達司儀稿中的內容，每每升旗時全校學生對她投以肯定的眼光。

　　小時候的我沒有機會成為師長眼中負責儀典的司儀或是活動的主持人，但我心裡一直存在著一個夢想，就是獨當一面，擔任活動的主持人，或是典禮司儀，讓我有機會一圓司儀夢。因此，我給自己找機會練習，每次只要到全校升旗時，我總在心裡暗自默念，並張開嘴來輕聲細語地跟著司儀來唸讀著升旗的每個程序，自我感覺良好，彷彿自己就是當天的升旗典禮司儀，也因為每天的跟讀練習，我對於典禮進行的流程就相當熟悉，也可以掌握其中的節奏與脈動。

　　後來，進入大學，我有機會歷練主持工作，我除了按照活動流程來向在場的公眾報幕之外，我也要能夠介紹長官來賓，並與台下的賓客互動，隨著一次又一次的練習，而越來越進步，主持的活動內容也越來越多元，但不變的就是我的口語表達能力及臨場反應

能力越來越精熟，咬字發音修正再修正，而表現越來越好。

　　而後進入職場從事教學工作，在語文課堂上的教學進行都能有長足的表現與進步，且投入更多在學生語音表現與口語表達的訓練上，讓自己朝向專業的語文教學者目標邁進，後來也陸續獲得語文競賽的國語演說的相關獎項，讓自己的語文教學專業持續精進。

　　老師及家長們，您如果想要讓您的孩子提升表達力及臨場反應能力的話，不妨就讓孩子來體驗活動主持及典禮司儀的工作，讓孩子有機會從事前的準備，到實際上場的表現，以及事後的檢討，修正精進自己的口語表達方式，精進口語表達能力，除了成就自己的多元學習力之外，也增加自己未來的競爭力。

10

才藝表演主持魅力

　　畢業典禮前的學生才藝表演，負責主持的兩位學生表現令我印象深刻，為什麼說他們的表現令我印象深刻呢？因為大部分由學生負責活動主持的場合總會看到學生拿著老師所幫忙撰寫的主持稿行禮如儀照唸一番，美其名說是活動主持人，更貼切的是原原本本照著稿來唸的司儀。

　　像這類比較屬於動態的才藝表演有別於畢業典禮或是頒獎典禮，流程的播報及獎項的唱名反而是其次，重要的是能夠對於表演團體或個人有深入的了解，才能在其出場表演時，介紹給觀眾了解，知道眼前的表演者是誰，另外在活動表演結束後可以適時且恰當的給予回饋，分享自己的感受反應給觀眾，藉

此引起共鳴，為活動製造氣氛。協助表演者把場子熱起來，主持人的表現可以說是相當重要，有經驗的主持人會在活動前先做功課，試想橋段及串場說話的稿子，並且要考慮到如果冷場時該怎麼辦？有備而無患，先把各種可能都試想一遍，笑話及新聞相關時事都要有所準備，豐厚的累積才有辦法游刃有餘，順利地將活動主持工作完成。

主持實屬不易，雖無法讓每個人都成為稱職的主持人，但至少我們可以在生活中創造孩子主持的體驗機會，藉此讓孩子有機會提升口語表達能力，也激發臨場反應及說話力。

至於生活中可以如何讓孩子來體驗主持工作及培養主持串場的能力呢？其實主持活動就如同主持會議一般，生活中就能有很多類似的活動可以來類推轉化，舉凡班級同樂會的統籌安排，或是班級慶生會的設計及活動的進行，或是各項活動的進行，都可以讓孩子來主導，甚至設計相關的活動及安排好玩的遊戲來讓參與的每個人都開心。首要就是掌握活動要旨，然後讓表演者成為主角，主持人的角色是促進活動的

有效完成及各項活動的順利進行，因此引言要適切，時間的掌握要精準，並且能夠提前知道每個節目的內容特色及演出的亮點所在，在活動進行的過程中，主持人就能恰如其分的扮演好自己的角色，把舞台給表演者，讓更多人為表演者鼓勵喝采，成就一場成功的班級活動主持。

爸爸媽媽在家裡面也可以讓孩子來主持家庭聚會，把例行性的家庭聚會流程具體條列化，讓孩子來構思擬訂活動流程及內容，並思考如果是自己來主持活動，在開場時要有哪些開場白，在活動進行時如何報幕告知活動進程，以及串場時如何與他人互動，甚至抽獎或是有獎徵答時如何有次序的完成各項活動，將主持人的工作做到位，讓參與者有賓至如歸的感覺。然後在聚會開始，家人陸續到位後，由孩子來擔任主持人，彷彿在學校裡主持活動一般，只是參與的成員換為家裡面的人，讓孩子有機會與不同年齡的人一起活動，練習主持也練習面對群眾說話，隨著家庭聚會次數的增加，孩子的口語表達練習機會也會增加。有了在家裡的主持練習經驗，孩子在學校裡若是遇到有活動的

需求徵求主持人，則可以順勢而為，主動爭取擔任主持工作，讓自己的表現受到同儕的肯定。

　　要讓孩子的主持功力精進，在校園裡有許多機會，才藝表演主持就是類似公司尾牙晚會的活動，身為師長的我們可以在學校多安排這類型的活動，並讓孩子們來分工合作，有些人負責擔任開場主持，有些人負責節目表演主持，有些人負責音樂性的節目串場主持，有些人負責有獎徵答主持，讓每個孩子都有機會體驗嘗試主持工作，就有機會能更深入的了解才藝表演節目內容以及活動進行方式，雖不至於到統籌規畫活動辦理，但也會更緊密的融入在活動辦理的各項工作之中。

　　另外，有時候主持並不是只有自己一個人，有些活動因為效果的考量需要兩人一起主持，這時就可以預擬對話內容，進行串場分工，透過充分的溝通與討論，才能恰如其分的完成主持任務，精準且有效率的完成主持工作。

　　主持，確實不容易，不過在學校裡可以多方嘗試，未來充滿無限可能，頗受好評的三金頒獎典禮御用主持人就是你我班上的孩子也說不定喔！

跳蚤市場物品推銷

11

　　推銷，確實不是容易的工作，要能夠順利把物品銷售出去必須要有一定的能力，不能總是靠運氣，至於如何推銷呢？就讓我們繼續看下去。

　　銷售的方式多種，推銷是銷售方式的其中一種，顧名思義，推銷就是推廣銷售，要有人為的推動，才能廣為人知且銷售廣闊，而人為的銷售方式中最容易且最有效率的方式就是透過言語來打動說服人，繼而達到目的。

　　大家一定有過類似的經驗，在逛大賣場時，販售牛奶的銷售人員會主動告知，「鮮奶大特價，買一送一，買一瓶家庭號的鮮奶，送一瓶利樂包裝的保久乳，送完為止，要買要快。」就這樣幾句話就吸引了

顧客前來詢問確認，當顧客開口詢問時就有機會達到銷售的目的了，這時只要銷售人員懂得顧客心理與說話技巧，一定可以銷售長紅，讓自己的牛奶銷售一空。

為達到銷售的目的，語言可以是推波助瀾的工具，我們可以觀察到業績好的銷售人員口才便給，且懂得主動的與他人溝通對話，掌握顧客心理，並藉由話語來達到工作訴求，買一送一是促銷的方式，說出這句話可以引起顧客的注意，「送完為止」這句話會讓顧客有害怕買不到的心理壓力，進而產生衝動購買的行為，但如果沒有主動的推銷，那走過、路過就錯過了。

你一定曾經在超級市場門口聽到反覆播放的促銷廣播，透過不間斷的重複放送，讓過路的人不聽到也難，也因此引起顧客的注意，因而促成額外的購買，幫助超市業績提升。

在學校裡配合環境教育推動，會辦理跳蚤市場的活動，讓學生有機會將家裡用不到，且是可以用的物品拿來學校與他人進行交流或是交換，也可以採用義

賣的方式，以班級為單位將二手物品銷售所得捐款給慈善機構或是弱勢單位，以達到教育目的。

　　我曾在學校裡的跳蚤市場活動中看到一位學生真的是天生的銷售奇才，打破與他人一樣的待在教室裡等顧客上門的販賣方式，主動揹著托盤裝著要販賣的物品，直接全校各棟樓上下走動進行銷售，做到面對面的直接推銷，不管是老師還是學生，都是她推銷的對象，也因為要達到銷售的目的，她竭盡所能的善用三寸不爛之舌，將曾聽過的銷售用語如「買到賺到」、「保證便宜」、「買大送小」都派上用場，且一次又一次的對著不一樣的學生說話進行推銷，當時在一旁看著的我，直覺這孩子不但不會害羞，且樂於接近人群，還能在顧客討價還價下堅持自己的價格並進行反推銷，透過言語的表達來讓對方招架不住，最後成功銷售，不怕拒絕是基本，趁勝追擊更是難能可貴，小小年紀就有如大人般的說話技巧，而且國台語雙聲帶齊下，在跳蚤市場上獲得成就感之外，也將平常課堂上所學到知識加以應用，讓自己的國語能力派上用場，也讓自己較需精熟的台語有機會演練一番，相信

業績超群的她一定獲得滿滿的成就感。

在這個孩子的身上看到語言學習的應用，且是在真實情境下的應用，透過跳蚤市場讓孩子進行交流，交換物品也好，販售商品也可以，都是讓學生仿真的體驗學習，要能成功銷售達到推銷的目的並不容易，不過仔細推敲，用心思考，並洞悉消費者心理學來加以突破則必有收穫。

把話說好，樂趣無窮也好處無窮，處處留心皆學問，利用生活上每一個可以學習的機會，讓孩子開口問路也好，讓孩子協助兜售也好，都是可以培養孩子說話技巧及表達力的機會，身為師長的我們可以多加利用，你一定會看到孩子驚人的好表現。

12

演講比賽如何勝出

　　你有參加過演講比賽嗎？如果沒有，那有機會一定要嘗試一下，一定會有難忘的經驗。

　　有人說演講是語言能力與臨場反應的綜合表現，需要有良好的語言表達能力，也要有反應靈敏的臨場表現，當然其中的重要關鍵就在於有沒有掌握到核心概念，精準表達，才能讓聽的人認同且肯定。

　　一般而言，我們在進行一場演講時會針對主題來構思，想想在演講時可以加入哪些內容，應該怎麼說才能引人注意，講話方式及語氣聲量該如何表現才是好的演講，這都是影響演講是否成功的重要因素。為了進行一場成功的演講我們會刻意的想很多，也因為想這麼多，無形當中讓我們的自我學習提升，主動的

去找相關的書籍來閱讀，上網去看別人的演講內容，並思考自己適合哪一類型的表現方式，準備演講的歷程讓自己不斷精進，著實就是讓自己語言能力及口語表達技巧提升的有效方式。

大家熟悉的 TED 18 分鐘演講就是可以參考學習的素材，講者的共同點就是能針對主題來構思內容，抓住聽眾的注意力，並且提出數據及佐證資料來補充說明，既有表面效度，也有內容效度。所以，我們在日常生活中有機會在眾人面前說話時，也可以如法炮製，就自己要說明的主題掌握重點，利用數據來說話，分享經驗讓聽的人同理感受，提出例證資料做為論據，以讓人信服，藉此達到說話的目的。

在課堂上也可以指導學生以類演講比賽的方式來進行口語表達練習，提出一個論點，然後再找出一個論據來說明，最後再說出結論，用這樣一加一加一的方式能幫助學生快速的抓到重點來構思，然後講出來，有方向可以依循，只要從生活中去思考有哪些可以引證的資料，就可以立即的加以呈現，在別人的面前說出自己的想法來，快速且有效。

打個比方，老師說:「各位同學，要如何提升自己的學習表現？」就可以舉手回答說:「我認為準時到校，學習表現會更好」，這是論點的提出，但如果僅止於此就好像話還沒有說完，這時必須舉例補充說明為何自己這樣說，「準時到學校，就不會因為遲到害怕老師處罰而緊張不知所措，另外如果提早到校的話，還有更充裕的時間可以閱讀書籍，複習功課，那麼學習表現自然就會提升」。

　　舉例說明可以為自己的論點加以支持，這時如果可以再分享自己曾經有過的經驗就可以讓人更加信服自己的論點了。「就像上個學期，我總是拖到最後一刻才出門，急急忙忙地趕到學校，總是在鈴聲響起時到校，進到教室同學們早已坐在位置上閱讀複習功課，我則是慌亂的抄寫著聯絡簿。後來我提早十分鐘到學校，發現時間充裕許多，我按著自己的步調來寫聯絡簿，也多了時間可以複習昨天上課的內容，不知不覺學習表現也提升了。」

　　講個人經驗可讓人有具體想像，且能感同身受了解自己的想法。最後再就自己的論點來提出結論，

「因此，我認為身為學生必須準時到校，最好可以提早到校，讓自己的時間管理更有效率，學習更有效率，那麼學習表現自然就會提升。」

　　每個學生都可以在課堂中透過上述的方式來練習口語表達與思考，當然如果有表現良好的學生，也可以鼓勵他們參加校內外的演講比賽，以更上一層樓，讓自己的表現更好。參加演講比賽雖然會緊張心跳不已，但卻是值得嘗試體驗的學習方式，把握上述要點就能在演講比賽勝出，下次有機會指導孩子參加演講比賽時不妨也嘗試看看。

13

順口溜練就說話力

「全家就是你家，你家就是我家，歡迎先來我家，我們再一起去你家。到底要先去吃蝦再回家，還是先回家再去吃蝦，反正就是吃蝦，管他回不回家。」

以上這幾句話是我即席創作的順口溜，如果你唸完的話，一定會覺得怎麼好像在唸繞口令，內容大同小異，用字遣詞差不了多少，而且還有押韻，唸起來別有一番趣味，這樣的順口溜就是繞口令，加以練習可以讓我們的舌頭不打結，刻意練習的話，則可以讓自己的說話速度更快，說話語句更順暢。

「好六叔，好六舅，借我六斗六升好綠豆，過了秋，收了豆，再還六叔六舅六斗六升好綠豆。」

我永遠無法忘記這幾句話，大學上說話課時，老師教我們的繞口令，到現在我還是依然可以立即唸出來，而且速度還是一樣快，也多虧那時候的訓練，我們有目的性的找了大量的順口溜與繞口令來練習，從一開始的舌頭打結，唸句頻頻卡詞，句子怎麼唸怎麼不靈光，到後來能夠慢慢的將每個字都唸了出來，雖然慢但至少都可以唸完，到後來每天早上起床就是練基本功，對著鏡子來唸順口溜，把這一陣子練習過的每一則繞口令拿來唸，就好像運動選手每天練基本動作、練體能一般，每日勤勞有收穫，反覆練習必有功。就這樣一個學期過去了，我的說話速度也變快了，且能運用自如的唸著繞口令，要快則快，要慢就慢，忽慢忽快，說話速度控制完全操之在我。記得電影《九品芝麻官》裡有一幕令我印象深刻，飾演男主角的周星馳為了吵贏架特別下一番工夫，最後學有所成，對著河水驗收成果，果然因為說話能力超群使得河水翻騰不已，讓觀眾見識到他說話的功力。

　　要搶得說話的先機，或是贏得話語權，很多時候取決於說話速度的快慢，說話說得快，對方就得必須

先聽你說，不是說說話快就是說得好，但就技術層面來說，說得快就有優勢。你一定有這樣的經驗，聽到電話推銷信用卡或是推廣貸款的業務人員，拿起電話接通時，劈哩啪啦說了一串，在電話另一端的我們只能一直聽，直到他講完停下來為止，不知不覺我們已經把他所講的話都聽了一番，也因此有可能因為這樣被對方所引導，最後就同意了他的提議，成就了他的業務。這也是熟能生巧所產生的效益，金管會規定在進行業務行銷時必須加註警語，分秒必爭的電話行銷必須掌握時效性，每一分每一秒都不能浪費，因此，業務在講警語時都會盡可能用最快的速度完成，也因為熟能生巧，到後來公司給的建議行銷文案，就如同順口溜般，不但背得滾瓜爛熟，也說得爐火純青，就這樣從事了幾年的電話行銷工作後，自然養成了說話能力，口語表達技巧也因此而變得更好，總而言之，用進廢退，讓我們的舌頭多練習不一樣的發音位置，試著用不一樣的速度來唸讀不同的語詞與句子，就能讓我們的舌頭不打結，相對的說話就會流暢，表達時自然運用自如。

有空，不妨也上網找些順口溜來練習，帶著孩子一起來唸，既有趣，又有用，可以讓孩子的說話能力不斷提升，相信我，你一定會愛上它。

PART 4

創新課堂教學的練習

看圖說故事，

將事實、事件推論與心情感受來加以呈現，

就可以是完整且內容豐富的陳述，

有助於我們的口語表達提升

及事件描述完整的成效達成。

看圖說故事

　　看圖說故事應該是大家從小到大非常熟悉的一個學習活動了，透過圖片的引導，幫助學生可以具體的將所看到的畫面透過話語表達將畫面加以呈現。這除了是課堂教學可以採用的教學方式，也是我們在提升自己的說話及口語表達可以嘗試的練習方法，在生活中將自己接觸到、嘗試過，體驗完的所知所感，以說話的方式來讓他人也能身歷其境，或是感同身受。

　　我們所熟知的直播帶貨直播主，或是電視購物的主持人，就是生活中頂尖的看圖說故事的佼佼者，他們可以就眼前的物品或是場景來加以描述，侃侃而談，除了表層的視覺感受外，也有潛藏的深刻意涵，甚至是自己的感受經驗及未來可以派上用場的地方，

同樣的物品及場景，在他們看來就是不一樣，因此，我們可以試著練習就所看到的物品或是場景來加以陳述及表達想法，讓自己的說話能力提升，在生活或是學習上有所收穫。

如果要透過看圖說故事的方式來練習說話，首先我們可以從隨手可得的一張照片或是圖畫來進行練習，試著進行閱讀理解，眼前所看到的圖片或是照片裡有哪些元素，可能是在什麼情景下發生，照片或是圖片裡有什麼人或物在裡面，先就事實層面來說明，然後就感受層次來講說自己的想法，舉例來說，如果在一張圖片裡看到爸爸媽媽帶著孩子在公園裡遊玩，就可以試著從事實層面來描述，說出所看到的畫面，爸媽帶著孩子在公園裡玩，公園裡有很多遊樂器材，且公園裡花木扶疏，人山人海。說完事實層面後，可以嘗試藉由推論的方式來衍伸說明所看到的畫面背後可能的相關事物，並發揮想像力及邏輯推理來試著將所看到的畫面嘗試說完整，如此一來就會有事實層面的描述，以及推論層次的延伸解讀，比如說畫面中所看到的是放假時一對夫妻趁著假日帶著孩子到公園

玩，除了遊樂器材之外，爸爸媽媽還拿起手機幫孩子拍照，一旁有好多的大人帶著小孩到公園裡來玩，公園裡人山人海，想必這是一個熱門的景點，也是網路上的打卡熱點，如果自己有時間的話，也想到這個公園來玩，也試著拍下照片與朋友分享。當然最後可以講出自己的心理感受，將自己的心情及看到畫面的感動講出來，就能讓自己的看圖說故事內容更豐富，講得更精采，表達更全面，我們可以這樣說，看了公園裡這麼多的人笑容滿面，尤其是一對年輕的夫妻帶著孩子玩著遊樂器材的情景，自己也跟著心情好起來，有時間的話也會放下手邊的工作，走出戶外，讓自己好好放鬆一下。

透過這樣的方式來看圖說故事，將「事實」、「事件推論」與「心情感受」來加以呈現，就可以是完整且內容豐富的陳述，有助於我們的口語表達提升及事件描述完整的成效達成。

要在生活中來練習說話，看圖說故事是可行的方式，另外，我們也可以試著拿著一本繪本，從有限的文字內容，及大量的圖像輔助下，來試著說故事給別

人聽，讓自己的話語來轉譯詮釋自己所看到的繪本內容，逐步地就畫面來加以表達，除了說出自己的想法外，也可以嘗試提問，與聽講者互動，藉此提高聽講者的專注度，也達到讓自己在說話中掌握對方專注的目標。

　　另外，在進行看圖說故事上，我們也可以充分利用 4F：Fact、Feeling、Finding、Future 的思考方式來進行練習，讓自己更有脈絡可以掌握，可以讓說話練習的內容更全面，表達更完整，除了提升了自己的思考方式，也讓口語表達說話的內容架構更完整。看到照片或是生活中的情境畫面時，可以先就事實層面說出所看到的人事物，然後提出自己的感受，然後更進一步的試著推論看看可能發生什麼事情，最後再延伸到未來事情可能如何發展，如果發生在自己的身上，自己可能會有什麼反應，換位思考來設身處地說明，站在積極處理的態度上，可以如何加以解決，或是對於自己與他人可以有什麼好處，這樣的練習方式有助於讓自己的說話能力提升，也能快速掌握說話重點，有條理、有脈絡的講出自己的想法。

時下流行的線上購物直播主就是以這樣的方式來直播賣東西，在無法實體面對面的狀況下還是能夠侃侃而談，並且就所要販售的物品或是新聞時事來發表看法，運用這樣的思考方式就可以讓自己在鏡頭前滔滔不絕的說話，並且引起廣大網友的共鳴，讓粉絲數直線上升外，也讓自己的電商銷售業績長紅。

　　練習說話其實沒有高深的學問，隨時隨地都可以練習，先試著開口說，然後把話說好，如果要說得完整更說得有道理，則可以試著運用各種思考法來架構思考脈絡，然後加以實踐，讓自己的話說得好，且能說進聆聽者的心坎裡，現在，就試著練習看圖說故事吧！

閩南語情境式演說比賽

　　說閩南語正流行，時下的電視節目到網路平台都可以看到越來越多人在唱閩南語歌曲，在說閩南語，甚至還會比較不同地方的閩南語腔調差別，偶爾也會有朋友傳來目前正流行的影片，其中就是以閩南語生活用語為主題，仔細想想生活周遭到處都存在著閩南語，閩南語的使用可以說是生活的一部分。

　　因此，讓孩子來練習說閩南語、客家語或是其他語言也是培養其口語表達能力的可行方式，語言其實有其共通性，不管哪一個國家的語言都是，我們知道善於語言學習的人，很容易從精通一種語言跨接到多種語言，因此我們可以讓孩子在生活中就習慣用兩種語言來學習，如同現在教育政策正推動的雙語教育，

讓學生在學校上課時習慣中英語兩種語言來進行學習，增加語境及語用，就可以讓學生學習更多元，且能培養其國際移動力及未來的競爭力。

同樣的道理，我們在課堂教學中，或是家庭生活裡，也可以嘗試增加閩南語或是其他語言的使用，讓孩子可以增加生活中的語言詞彙，在教室裡可以多熟悉一些課室用語及生活情境對話，縱使是兩種語言夾雜的使用也沒關係，生活中的實際與人溝通也是如此，重要的是能正確表達，有效溝通。

在學校裡有上閩南語課，常會在課本內容中出現看圖聽故事的主題單元內容，透過生活情境的對話來讓學生進入情境，並且學會對話及主題詞彙，讓學生得以替換或是進行對話，聽得懂，然後學會說，最後說得好。

另外，縣市政府每年所舉辦的語文競賽，其中除了有國語文演說及朗讀相關的口說能力競賽之外，也針對閩南語、客語及原住民語規畫相關的競賽項目，就是要推廣本土語，並且提升學生的口語表達能力。

以閩南語演說為例，為符合素養導向教學的目

的，及讓學生可以真實在生活情境中使用，目前的閩南語演說已轉型為情境式的演說方式來進行比賽，就不同的生活情境，以四格漫畫的方式來組織情境，方便參賽者依照圖片的連結來構思，最後完成情境式的演說，演說完畢還要接受評審的提問，就圖片內容及自己所說的故事內容來加以回答，據筆者的觀察與實際擔任評審而言，真的是超刺激且有挑戰性，不過也常看到表現極好的參賽者，除了口條佳，語句通順流暢外，也能針對評審的提問侃侃而談講出自己的心中想法，可以說是更真實的生活會話應用，也檢核了參賽學生的看圖說故事的串接聯想構思能力。

既然閩南語情境演說有這麼多的好處，那麼在日常生活中可以怎麼培養孩子有相關的能力，該運用哪些方法讓孩子來加以學習呢？其實可以採行的策略多元，在此舉兩個例子供師長參考，把自己化身為同儕學習的教練，帶著孩子一起來練習。

其一，可以採人事時地物的思考脈絡，以自己跟孩子為主角來做思考，看著一張圖片，例如公園的圖片，就可以構思假日時一家人一起到公園去玩，然後

說明到公園玩是全家人最常做的假日活動，自己的感受如何，還想去哪些公園玩，就事實加感受的造句方式來進行表達，如此一來當孩子熟悉這樣的思考方式及造句表達方法後，就可以再運用其他的照片或是圖片來引導練習，長久下來，孩子習慣這樣的練習方式，就可以身歷其境的方式在生活中學習。家庭出遊時，每到一個風景區或是景點就可以試著讓孩子說說看自己看到的景色及內心的想法。

　　其二，我們可以所見場景加上推論來完成構思及對話，例如回到家後看到桌面上的物品一片零亂，猜想可能是家裡所養的貓因為追趕老鼠所造成的，引導孩子透過觀察將所看到的畫面說出來，並運用想像力來推論可能發生的事情，最後完成看圖說故事，師長可以在孩子講完後提問，用 5W1H 的開放式問句用語來提問，可以透過問題引導幫助孩子說出更多且更深入的內容，讓孩子表達更為完整。

　　看圖說故事是語文學習的基本能力，生活溝通是閩南語學習的重要關鍵，我們可以透過培養孩子依照閩南語情境演說的比賽進行方式在日常生活中練習，讓孩子

生活中無處不學習，當然也可以安排在親友及同儕面前
來發表，讓孩子將語言的使用融入生活中，除了多一種
語言的精熟外，也提升構思聯想與有效表達的目的。

03

課文朗讀要點說明

　　「來，各位同學打開課本，把課文唸一次。」這句話大家一定再熟悉不過了吧！在教學現場的語文課，讓學生放聲朗讀是老師們經常會使用的上課教學方式，一來可以喚醒學生的注意力，二來可以透過朗讀來立即檢測學生是否能正確讀出每一個字的字音，當然也可以讓學生學習把句子唸得流暢，唸得通順，另外，大家一起讀也比較沒有壓力，還可以聽到別人的聲音，校園裡朗朗的讀書聲就是因為老師讓大家唸讀課文而來。

　　一樣是讓學生唸課文，但卻有不一樣的呈現結果，只要識字，願意張開口唸就可以朗讀課文，但唸得好壞與否就在於老師有沒有提點學生課文朗讀的要

點，當學生懂得朗讀的要點，然後聽過老師示範過好的朗讀方式後，就會模仿老師唸課文的表現方式及呈現的感覺，對於咬字發音更注意，斷句休息更精準，自然就能唸讀得更好。

當學生願意開始唸課文後，就可以教導學生課文朗讀的要點了，說明如下：

首先，要能唸得正確，看字讀音是基本功，尤其是翹舌音的發音及二三聲是否唸得到位，平常的溝通對話我們都能清楚對方所要傳達的意思，縱使二三聲混淆也不影響我們溝通的目的，但若是以課文朗讀的標準來說，則必須將二三聲唸清楚，一來有助於字音的掌握，二來可以讓自己的朗讀發音更精準，課文內容聽起來也更清楚分明，更好聽。

其次，要能斷句分明，課文內容通常是一篇文章，會有標點符號的使用，當我們在唸讀課文，看到標點符號時要學會停頓與換氣，才能在唸讀長句時可以一氣呵成，在唸讀連貫短句時可以呈現節奏，讓聽的人更能清楚聽到內容，也呈現朗讀的優美聲音。另外，在唸課文斷句及唸讀時必須掌握到上下文詞語的

連貫性，例如：「窗外的風景優美，各式各樣的花朵色彩繽紛美麗極了！」在唸讀的時候必須掌握基本的語詞，例如窗外、風景、優美、各式各樣、花朵、色彩、繽紛、美麗極了，再來就是形容詞與名詞的詞組的正確組合，像窗外的風景，各式各樣的花朵，當能掌握基本語詞及詞組的正確組合後，就可以就重點來加以呈現進行唸讀了，如果說我想重點強調「色彩繽紛」，那麼在唸這完整的句子時特別把這四個字前先稍有停頓並唸清楚，就可以呈現出整個句子的重點，讓聽的人感受到。

　　再來，就是輕重音的表現，例如我曾聽到有同事開玩笑說「今天的事你給我記住，來日方長，哪天一定會再遇到，到時候你就看著辦。」同樣的一句話如果是輕描淡寫，聽過就算了，但如果是在說話的時候特別強調某幾個字則會給人意有所指的感覺，同事在說這句話時特別把「記住」及「看著辦」這兩個詞重音強調，就讓人有感覺好像未來再遇到同樣的人交手時會給顏色瞧瞧之類的，這就是語言的奧妙，同樣一句話，用不一樣的唸讀方式就會有不一樣的意思，同

樣地，如果可以掌握得宜，就可以清楚表情達意，溝通無礙之外，也有效溝通。

最後，必須掌握到唸課文時情感是否融入？你知道嗎？聲音是有表情的，同一句話用不一樣的心情來唸，就會呈現出不同的感受，用不同的語氣也會有不一樣的效果，記得曾經有一次在讓學生唸課文時突發奇想，就讓學生以不同年紀的人的口氣來唸課文，一下子是八十歲的慈祥老太太，一下子就是正處在生氣狀態下老師的口吻來唸，一時之間學生樂極了，邊唸邊呈現不同的聲音感情，臉上露出笑容，可見他們是有轉換心境及嘗試模仿用不同的語氣、語速及音色來表現，也因此能對課文內容有不一樣的感受。大家如果有去唱過 KTV 就會知道業者會提供一種魔音器的遙控器，只要按下按鍵，男生也可以有女生的音色，大人也可以有小孩的聲音。

聲音表情可以傳遞不同的感受，當然，轉換情感的呈現也會給人不同的聲音感受，在指導低年級學生唸課文時可給具體的人物角色讓其模仿，在指導高年級的學生時可以給予抽象的情境來詮釋，都可以達到

讓學生融入情感來表現課文唸讀的目標。

　　唸課文時要注意抑揚頓挫，其中包含了聲音語調及節奏停頓與斷句，當我們在唸讀課文時掌握了這些基本概念，再加上上述分享給大家的課文朗讀要點，就能讓學生在課文唸讀時既有基本功的展現，也能有不一樣的課文唸讀效果的呈現，讓語文的學習更有趣，也藉此提升學生的說話技巧與表達能力。

分組報告展現表達力

　　表達力是一輩子的關鍵能力，不管是職場工作上的簡報提案，或是學習場域裡的成果發表，都有賴於口頭報告的能力展現，既然隨時可以派上用場，那麼就應該及早培養口頭報告的能力。

　　在孩子口語表達能力尚未完全可以運用自如時，可以採折衷的方式來漸進達成目標，讓孩子們有口頭報告的經驗體現，但不用直接就上台發表，在小組成員裡進行組內報告，然後再進入到組間報告，讓孩子學會與他人互動溝通與回饋分享，組織說話報告內容，順暢的將所要說的內容講出來讓夥伴們知道，這就是上台報告的奠基過程。

　　在學校裡有別於在家裡，學生數多，因此可以進

行分組合作學習，讓孩子們有更多的學習表現機會，以往是以老師為主體的課堂教學，現在則逐漸轉為以學生為主體的課堂教學，讓學生多些發表的機會，以達到評量檢核的目的，口頭發表是多元能力養成的方法之一，因此在學校裡也越來越多老師設計多元評量讓學生有機會上台報告，除了進行評量之外，也培養孩子的表達力。

「組內分享」與「組間交流」是讓孩子上台進行口頭報告之前必須進行的重要歷程，如果沒有充分準備就叫孩子上台報告，他們會不知所措，縱使知道要說些什麼，但也會因為對講台不熟悉，或是害怕他人眼光而緊張不已，甚至會因此而感到怯怕，所以師長可以讓孩子先有講台下的組內分享練習，然後再進一步與他人進行分享，從少數人再晉升到多數人的場合，而且一次練習修正，二次就是修正精進，滾動修正後，自然上台就有把握，老師也可以從中找到比較有把握，在台下表現良好的學生先上台分享，讓其他學生有學習典範可以參照，藉此提高孩子上台發表這樣的教學方式的成功率。

通常進行的方式，可以學習者自己針對學習主題先構思，擬出自己的答案後嘗試自主練習，然後再進入與他人兩兩互動，就好像兩個人平常一起聊天方式來進行，輕鬆又自在，這樣的練習步驟可以多次進行，好讓孩子可以自我修正滾動精進，也可以在與他人互動的過程中聽到不同同學的報告表達內容與呈現的方式，進行模仿學習。老師也可以藉此機會巡視行間，及時給予學生肯定，並就需要改進的地方給予建議與指導，最後再請同學推薦講得不錯的學生上台報告，這時上台報告的同學是受到同學肯定與推薦的，因此上台會更有信心，當學生成功上台報告後，就會有成功經驗，對於下一次上台會有正向的影響，長久下來，累積了許多的成功經驗，對於上台發表與口頭分享一定勝券在握，表現自然良好。

　　至於內容的掌握方面，則可以想想開頭應該怎麼說，先與同學打招呼，然後說明自己報告的內容與目的，然後就其中的內容條理式的講述，最後可以詢問聆聽的同學有沒有問題要提問，最後進行總結，結束這一回合的口頭報告。

反覆練習則有機會滾瓜爛熟，未來的能力需要現在開始建構，讓孩子在學習過程中嘗試分組口頭報告，針對學習主題來構思內容及表達的方式，然後實際去做，反覆練習，表達力自然就能建構起來，面對未來，需要更多與他人互動的學習場合與工作場域，需要更多的溝通表達，這樣的學習策略可以逐步幫助孩子建構說話表達能力，當然未來的學習也會因為表達能力提升而更加得心應手，學習更有效率。

05

聆聽與重述

　　關於說話基本能力的訓練，就必須從聆聽開始，說話是經由模仿然後進行創造的一個歷程，從孩提時期的牙牙學語，聽到爸爸媽媽一個字一個字的教，然後可以跟著說出一樣的聲音，這就是模仿的歷程。隨著時間過去，漸漸長大後，在生活中會聽到各種對話及聲音，然後不自覺地就能夠反射性的說了出來，也因此我們常會聽到小孩子怎麼會隨口說出讓我們驚訝的話語來，仔細推敲，原來這就是從聽到說出口的過程，可見學說話之前，必須要先就聆聽這個範疇先來了解一番，聽聽別人怎麼說，自然可以了解話該怎麼講。

　　耳朵這個器官不比嘴巴，隨時都是打開著在接收

外界的資訊與聲音，嘴巴還可以選擇閉起來，但耳朵無法，除非我們戴上耳塞或是用手閉上耳朵才無法聽到聲音，耳朵與眼睛都是接受訊息的重要器官，我們在學習時會運用大量的媒材與教具來幫助學習者習得相關的知識，就學習現場的觀察，學生受到關於視覺訊息來源的學習會比聽覺訊息來源多很多，也因此學生在訊息辨別上透過眼睛會比耳朵來得精熟且擅長。

換句話說，我們耳朵每天都是處於開放的狀態，照理說應該是會發揮更多的效用才是，但也因為如此，我們在聽話時因為太過於習慣所以並不會特別留意，所以大多數人都是能完整聽到對方所傳遞的訊息與聲音，但對於其中的重要關鍵或是弦外之音就無法完全掌握，然而，透過耳朵的聆聽是可以刻意練習的，透過有意識的告訴自己的大腦我要注意聽的部分，我們的耳朵就會有意識的對於所接受到的聲音與訊息特別留意，並且能清楚聽到所要聽到的關鍵字，藉此就可以透過聆聽他人如何說話來幫助自己提升說話與口語表達的能力。

你一定聽過有些人說話時會有口頭禪，「這個…

這個…」、「可是…可是…」，反覆出現或是較為特別的聲音，我們只要稍微仔細聽，很容易就會發現，但若沒有特別容易辨別的聲音或是話語，就不容易察覺，必須有目的的進行刻意聆聽學習。我們不妨在生活中給自己一個任務，聽聽看我們所接觸到的人說話的方式，再從中就某一位自己覺得他說話表達能力不錯的人來仔細聆聽他說話的內容，從話語呈現，到內容用語，聲音表情等各方面來進行楷模學習，自然就能有所收穫，這個方式就如同我們在聽演講一樣，我們會專注聆聽，然後摘錄筆記，自然就能有收穫，但聽演講的機會並不會每天都有，在職場上或是學校裡，我們可以每天進行聆聽練習，將聽到的名言佳句記下，或是所聽到的成語也摘錄下來，提醒自己說話時注意的重點，還有該避免的地方，如此一來就能每天都進步一些，長久下來，從聆聽到說話，接收到的訊息越多，說話的素材就更多，當然「量變會造成質變」，我們說話的能力也會跟著提升。

要確認自己透過聆聽有沒有辦法掌握到重點，可以藉由「重述」的方式來進行確認，這個方式有助於

自己來掌握自己與他人溝通互動能否有效溝通，避免各說各話，說話沒有交集，也是讓自己檢核刻意聆聽練習有效與否的策略，是我們在學習說話必須掌握的一個策略。

　　在課堂中我們總會聽到老師交代作業，在老師講完所交代的內容後，如果老師沒有將作業寫在黑板上明確的告知，同學們都會各自解讀，最後做出來的作業可能五花八門，各自表述。此時，如果透過重述的方式來進行確認，就可以快速的掌握老師的想法，也讓自己的作業可以做對，不會浪費時間做無謂的事情。在聆聽對方說話時，也可以用重述重點的方式來掌握對方說話的意旨，在生活周遭不難發現有些人很快就能掌握對方的想法，順利達到溝通的目的，就是他善用重述的說話策略所致。另外，有些論壇主持人在引導講者回應聽眾的問題，在引言與回饋時都會善用重述講者內容關鍵字句的方式，一來可以確認自己所摘錄的重點是否與講者一致，二來又可以幫助聽眾掌握到演講內容中講者所要呈現的重要部分。

　　在生活中學習說話再自然不過了，仔細聆聽，刻

意學習，然後重述對方的語句與內容重要部分，如此一來可以學習對方如何說話，也可以幫助自己因為仔細聆聽快速掌握重點，而進行有效的學習，因此，在生活中多練習聆聽與重述，就能有效表達，發揮說話影響力。

口說作文這樣教

　　寫作文對很多人而言是相當困擾的事情，但隨著科技進步，現在寫作文不再是難事，只要你學會「口說作文」，那麼寫出一篇作文一點都不難。

　　怎麼說相對於過去而言，現在寫作文不困難呢？

　　隨著科技進步，「語音辨識輸入」這項功能除了可以幫助我們在傳送訊息時免去打字耗時費工的麻煩，可以快速將自己所要表達的訊息用說的方式就轉成文字傳送出去給對方，大大幫助許多平時需要傳訊息給人的使用者。如果將語音辨識輸入的內容加長，從本來一句話，變成一段文字，其中包含幾個句子，那麼一個段落的文章內容就寫好了，其中也可以下指令加註逗號及句號等標點符號，好用極了。如此一來，我們所要做的功夫就是想辦法說得流暢，並且檢

查語音辨識後所出現的文字是否有錯別字，語句通順與否，本來需要花較多時間完成的作文內容，此時可以在短時間內就完成，讓需要寫作文的你不再因為要寫作文而感到困難。

大家應該都有印象，課堂上老師會以起承轉合的方式來教大家寫作文，但不代表每篇作文都得要照這樣的方式才能寫出來，其實，在寫作文前可以先思考針對題目本身，自己在寫作文時每一段可以寫什麼，每一段的內容應該有哪些內容，如此一來就可以先行構思，將每一段的寫作重點摘要寫下，再透過語音辨識的方式來進行口說寫作文。一般而言，我們的大腦運思速度會比說話速度快，然後說話的速度會比寫下文字快，以往指導學生寫作文時，常會看到學生寫到一半就停下來，可能因為不知道該如何寫下去，也可有能是因為遇到想寫的字不會寫，就這樣卡關無法將作文順利寫完，雖然腦中知道想要寫什麼，但實際上卻怎麼想也想不起來字句該怎麼寫。

現在，有了資訊工具的協助，我們可以利用手機或是平板來語音輸入，載具會自動辨識挑字，我們只

要選出正確的用字，大大的省去詞彙語料庫不足所造成的窘境，讓寫作成效大大提升，此舉可以幫助增加文字認讀的正確性，讓我們不再寫出錯別字。

透過口說作文方式，只要能夠順利地說出心裡想說的話來，那麼就可以化為文字，從無到有，然後再就所寫出的文字來進行校訂，就如同編輯一般，幫忙作者校訂內容及語句流暢度，自己說的內容自己再看一次、再唸讀一次，自然能夠發現錯字，可以立即修正語句的通順度，大大提升了書寫文章的成效。

隨著「生生用平板」數位學習教育政策的推動，剛好可以用來指導學生透過平板來進行口說作文，然後再完整說出自己想要說的內容，並且校訂正確及流暢度後，再請學生將說出的內容謄寫到作文簿裡，可以收再一次的檢核功效，達到以往寫出一篇紙本作文的目標，也讓學生更精熟數位科技輔助學習的功用。

為了要讓孩子進行「口說作文」，我們必須加強學生的口語表達能力，例如透過看圖說故事的方式，並運用連接詞來進行表達，就可以視覺摹寫與事實呈現加上推論訊息的方式來說出關於圖片的內容，舉例

來說，孩子看到有一張畫面中有個滿滿金黃稻穗的照片在夕陽下閃耀著金黃色的光芒，他就可以就自己所看到的畫面來說出關於照片內容的話，並開啟平板的語音輸入，將自己所說的內容都轉化為文字。

「照片中看到的滿是稻穗，夕陽下這片稻田黃澄澄的，好看極了。如果可以到現場身歷其境，那一定會有更多的感動，除了看到滿滿隨風飄動的稻穗，也能聞到撲鼻而來的稻米香。」

只要能夠順利地看著圖說故事，運用「提取訊息」及「推論訊息」的閱讀理解策略來進行閱讀及表達，就能在短時間內完整講述內容，只要再多看幾張相關的照片來進行思考，並加入自己的構思想法，一篇文章的其中一段內容就能寫好了。然後，師長可以引導孩子們互相分享自己在平板上所寫下的內容，甚至可以讓學生兩兩分享，說出自己的文章，都有助於讓孩子建構關於主題的內容。不用著急，一段一段慢慢來，透過資訊科技工具的輔助，可以讓孩子比以往

更快速的完成一篇文章，循序漸進的來提升自己的作文能力，當孩子在看到平板上自己的想法轉譯成文字，並且構成一篇文章後，自然會願意將這些文字抄錄在作文簿上，進行再次的順稿確認，改正錯別字，確認文句通順，能力好的學生更可以在老師的引導下，進行語詞修飾與內容加深加廣，進行有效率的自主語文學習。

現在的孩子都是數位科技的原住民，讓孩子們透過平板及數位載具來進行作文輔助學習，一定可以很快就上手，另外就筆者在教學現場的實際教學經驗，學生還會將口說作文的內容與相關照片結合，透過網路上的各種軟體來進行影片的連結，快速的產出自己的影片內容，有聲音，有影像，更有自己所寫下的文字稿作為旁白的參考與字幕的呈現，更方便他們在進行影片創作之用。

口說作文，在我的課堂上效果極佳，學生透過這樣的方式提升了作文力也改善了口語表達能力，是你一定要嘗試的教學方式，趕緊拿起手機或是平板，帶著孩子一起來練習口說作文吧！

07

我是小老師：
教別人是最有效的學習方式

在學校裡，其實有很多機會讓孩子來接受口語表達相關的訓練，藉由參加這些訓練，有助於孩子的口語表達能力提升。隨著教育浪潮的推動，更加重視學生的多元學習，學校也會辦理多元的活動，讓孩子有機會多元學習，展現課本學習之外的多元能力。

回顧學校裡的學習活動，其中有很多都跟口說能力有關，藉由參與這類型的活動，也有助於培養孩子的說話技巧及口語表達能力；從另一個角度來思考，當孩子擁有良好的說話技巧與口語表達能力時，參與這些活動就能有出色的表現，若是參加相關的比賽，也會因為優異的口說能力而為自己與團隊加分不少，

師長可以鼓勵孩子多參加學校所辦理的多元學習活動，或是利用課餘時間參加課外活動，擴大自己的視野，增加多元化的學習機會。

舉凡語文競賽的朗讀、說故事及演講比賽，科學展覽會、讀者劇場、校園導覽服務隊、學生朝會司儀、自治會幹部、戲劇比賽等，都是讓孩子有機會在學校裡接觸到的學習活動，藉由這些活動，可以讓孩子增加口語表達學習的機會，不管是與人溝通互動，還是上台面對觀眾來說話或是演出，都可以帶來顯著的影響，對未來的學習與進入職場都有幫助。

回首過往，筆者在校園裡擔任教學工作所曾帶領過的團隊，其中的學生後來畢業後升學及進入職場工作，都因為在過往學習歷程中有受過口語表達訓練而讓自己增加更多的機會，得到更多的肯定，對於學習與工作都大有益處。其中，我曾組織帶領過校園古蹟導覽隊，利用每周一至兩次的午休時間，把學生召集起來，針對學校裡的古蹟建築進行解說與導覽的指導，讓學生從了解自己學校的所在地理位置，學校的歷史緣由，古蹟建築的特色的建築風格，還有解說內

容稿的撰寫，再到實際的解說實地演練，透過一次又一次的練習與驗收成果，可以看到學生的表現一天比一天更好。曾有一次，政治大學教育學系畢業生外埠參觀到校來參訪，由我的古蹟導覽隊六年級學生來負責導覽，落落大方的表現，談吐得宜的態度，還有用心準備的努力，以及專業的導覽解說都受到教授與大學生的肯定與讚賞。

後來其中有位學生畢業後陸續進入第一志願的高中以及大學就讀，也在高中時期在學校裡創立了校園古蹟導覽社，將自己過往的經驗以及文史專業貢獻在社團活動中，導覽學校歷史也擴大服務範疇。也因為有過往的學習奠基與歷練，後來在參加學測申請入學時，獲得教授的青睞，順利錄取，更在大學期間參與學生社團服務，擔任學生會會長，過去的口語表達訓練，在此時可以派上用場，造福人群，為更多人服務，也提升自己的學習效能，促進自我實現。

記得當時這位學生特別用心，為了讓自己在校園導覽解說時有更好的表現，特別在周末假日時與爸媽一同到學校，一邊為爸媽解說，一邊拿著照相機把每

個導覽的景點都拍下來，後來還特別去將這些照片沖洗出來，還與父母討論，一起挑選出具代表性的幾張照片，並將這些照片加以排序，放到一本可以用手拿著翻閱的相簿裡。

「你為什麼要特別將這些照片洗出來放在相簿裡？」我問道。

「這樣做可以方便我隨時抽換照片順序，另外我可以手拿著相片，照著相片來規畫導覽的路線，按圖索驥，就不會忘記下一個景點要往哪走了。」學生回答。

「你拿著照片進行導覽一共練習了幾次？」我繼續問。

「除了導覽解說給爸媽聽之外，班上同學也請我幫忙導覽，後來導覽時發現路線不太順，同學還建議我可以怎麼調整。」學生說。

「那你在實際解說練習時還有什麼發現？」我繼續問。

「時間的掌握不容易，一開始每個景點解說我能

講的內容有限，到後來一直增加，就變得越講越多，將每張照片裡的景點實際走了一遍講完要花許多時間。」

「那你後來怎麼調整呢？」我接著問。

「我依照時間多寡來規畫導覽路線，如果導覽時間有三十分鐘，那我就選 6 個景點，每個景點我會解說三張照片的內容，如果是一小時的參訪，就會選 10 個景點，每個景點我會解說三張照片的內容之外，還會加入提問時間。」

「哇！你真的太棒了！」我讚嘆著說。

那時只是國小六年級的學生，竟然能有這樣的想法跟能力，認真投入校園解說練習活動，後來也有優異的表現。從照片的拍攝到導覽景點的順序安排，都與後來的簡報投影片的製作設計有異曲同工之妙，再加上滾動修正，反覆練習，在每一次的導覽後進行後設認知的自我調整，越講越好，我特別指派他成為導覽隊的小老師，負責指導同學及學弟妹們在實際導覽解說時應該注意的事項，還有該如何說才能讓人想

聽，並且聽得下去。

　　後來，也在活動練習期間，設計了讓學生相互練習的活動，讓學生有機會成為小老師來指導別人，「學然後知不足，教然後知困。」在教別人時就會發現自己需要先練習過一次，還有把需要注意的地方提醒別人也提醒自己，無形之間就能更有意識的告訴自己如何說得更好。最後，我讓每個導覽學生針對自己最擅長的校園景點來進行分站導覽，讓同學們也有機會來互相學習，這時候每位學生角色轉換為小老師，教別人自己收穫更多，活動後的綜合座談上每個人爭先恐後的發表自己的感想，都想與大家分享自己的解說技巧還有注意事項，當下的我直覺用心投入學習，相互學習不分你我，願意分享自己的學習收穫，這就是課堂上最美的風景，也讓我更加肯定「主動學習，然後教別人讓自己學到更多，是最有效的學習方式」，學生在教別人的過程中，不知不覺口說能力也更好了。

　　老師是靠嘴巴說話作為專業的人，學生也可以學

習老師指導學生的方式，來練習教別人，把別人教會，自然自己也會更精熟，當然反覆練習之下，自己的口語表達能力也就跟著提升了。師長們，不妨也找個機會，讓自己成為學生，讓孩子來扮演教師的角色，相信孩子們一定會有令人讚賞的表現。

08

語詞接龍真有趣

　　經常會發現有些孩子在說話說到一半時就詞窮不知道該如何講下去，也有時候會突然腦霧，一個詞只能說出一個字，或是一個成語講了前兩個字，後兩個字卻怎麼想也想不起來，這樣的情形簡單歸因，可能的原因就是學過的語詞使用頻率不夠多，另外，就是語詞的詞彙字庫不夠多所造成，因此，若是要讓孩子在日常說話及口語表達上有更好的表現，則必須讓孩子有機會經常使用不同的詞彙來表達或是與他人溝通。

　　成語接龍大家一定都玩過，透過接龍的方式，可以讓參與活動的人都聚精會神的關注於別人所說出或是寫下的成語，在別人的成語出現後，必須快速的想

出以前一個成語最後一個字做為開頭字的相關成語，或是以諧音相關的方式來找出所對應的成語，真的刺激又好玩，幾輪遊戲下來，大家接觸到的成語就有好多個，且是隨機出現的不同成語，這時你會發現每個人的生活與學習經驗不同，當場想到的成語也不同，透過這樣交互激盪的方式來進行遊戲，可以獲得趣味也增加成語的學習。

另外，在電視綜藝節目上也看到這樣的遊戲，是改良版的成語接龍，主持人公佈不同主題的題目，參與活動的來賓則是邊拍手打節奏，還要邊說出相對應的答案來，刺激又有趣，節目效果十足，也是讓人可以活化腦細胞，增加語詞學習的方式。

曾有一次在課堂上，筆者設計了一個利用心智圖的概念來發展學生的語詞地圖的遊戲，這樣的教學活動可以從國語課本出發，有範圍的讓學生來找到相關的語詞，進行口頭發表或是到黑板上寫下答案，例如一開始先請學生在課本裡找出木部相關的字，然後再請學生說出這個字可以造的語詞，從字到詞，擴大學習的範圍，一兩個回合下來，就發現學生主動地查找

課本，找到相對應的字後，再嘗試造詞，最後再讓學生嘗試造句分享。

「各位同學，請找出部首為木部的字，然後請你用這個字來造出一個語詞，兩個字或三個字的詞語都可以。」

「樹，樹木。學校裡的操場上有很多的樹木。」

「本，課本。上課的時候老師請同學拿出課本。」

「李，行李。爸爸從國外回來，行李箱裡裝滿了給我們的禮物。」

在同學們進行了幾個回合的語詞練習後，就可以進入語詞地圖的活動了，老師拿出九宮格卡，讓學生一起就主題詞語來進行心智圖式的語詞思考練習，鼓勵學生發散思考，藉此來完成自己的九宮格語詞卡。例如，以「學校」為主題，讓學生進行思考及語詞的發想。

「各位同學，剛才已經都練習過課本裡的字詞造

句練習，現在我們來進行心智圖語詞聯想，請將老師給你們的主題相關的語詞都寫下來吧。」

布告欄 ↖	教室 ↑	學生 ↗
操場 ←	**學校**	→ 上課
老師 ↙	健身操 ↓	黑板 ↘

　　老師將主題語詞寫在九宮格中間，讓學生創意發想，不限制學生的想像力，鼓勵學生盡可能的將想到的語詞都寫下來。然後請同學相互分享自己所寫的語詞，也藉由與他人互動可以得到不一樣的想法，並擴大自己的語詞詞彙庫。

　　「各位同學，現在請你們拿著自己的九宮格語詞卡，與同學分享自己寫下的內容。」老師向全班宣布活動開始。

　　「想到學校，我聯想到的詞語有教室、學生、上

課、黑板、健身操、老師、操場、布告欄。」

然後老師可以引導學生使用自己所寫下的語詞，將其中幾個語詞用來進行語詞造句接龍。

「現在請各位同學一起來進行詞語造句接龍活動，請仔細的聽同學的回答內容，然後使用你所寫下的詞語來接續造句。」老師下指令，然後請同學完成語詞接龍。

「學校裡有很多的教室」
「教室裡很多學生」
「學生們正在認真的上課」
「上課時老師寫著黑板」
「黑板上畫著圖講解著健身操」
「健身操跳得最標準的是老師」
「老師拿著上課用的教具走向操場」
「操場上可以看到寫著安全守則的布告欄」
「布告欄上公告的事項是有關社團活動分配的

教室」

　　當同學們都嘗試將自己在九宮格上所有語詞都接
龍造句完成，就可以讓學生嘗試著就同學們彼此激盪
出來的造句內容加以組織整理，進行九宮格關鍵字的
主題內容簡短的口頭內容分享了。

　　各位同學大家好，在學校裡有很多的教室，教室
裡有好多的學生。上課鐘聲響起，學生們認真上著
課，老師則是在黑板上賣力地寫著黑板，講解著運動
會要表演的健身操，在我們班上健身操跳得最好的不
是學生，而是我們的老師，因為他不但是我們的班導
師，也是我們班上的體育老師。鈴聲響起，下課了，
下一節課是體育課，老師拿著上課用的教具走向操
場，在操場上可以看到寫著安全守則的布告欄，布告
欄上公告的事項是有關社團活動分配的教室，所有的
同學都圍在布告欄前觀看著，我參加的桌球社團教室
安排在地下室，真期待今天放學後的桌球課，可以跟
同學一起打桌球是我最喜歡的事。

這樣的教學活動，從課本出發，然後進行語詞的接龍，再進入到心智圖的發想與連接，最後將所有的語詞加以思考連結，再讓學生進行口頭發表，藉此來培養學生的語文能力及邏輯思考能力，更可以進行同儕共同分享，每個人的觀點及思考脈絡不同，所呈現的內容各異其趣，但不變的是透過這樣的練習，都能激盪出更多的語詞學習詞彙，並擴大自己的學習範疇，最重要的是，從讀到寫，再從寫到說，完整的語文學習歷程與脈絡，充分的讓學生可以獨立思考，相互分享，最後將自己的想法及語文創思成果分享給同學，確實可以達到班上同學互助共好的學習目標，除了達到老師所設定的教學目標外，也獲得同學廣大的迴響。

　　詞語接龍真有趣，每到國語課時學生總期待這樣的學習活動，可以發揮創造力來進行學習，透過語詞接龍與關鍵字心智圖聯想思考表達的練習，學生在上國語課時等同在上寫作及表達課，重複練習與不斷修正促成長足的進步，後來幾位學生創作的文章投稿國語日報都獲刊登，更大大的提升學生的成就感，家長

們也樂觀其成，給了我們師生很大的讚許，滿足了學生的學習渴望，也發掘了許多口語表達能力優秀的學生，真是一舉數得。

如何從小培養孩子的口語表達能力呢？

未來關鍵能力：口語表達能力

　　口語表達能力是未來重要的關鍵能力之一，如果孩子能有好的口語表達能力，則可以有效率的傳達心意，表達想法，在適當的場合說適當的話，更能透過良好的口語表達能力讓自己更有自信。

　　培養孩子的口語表達能力可以從小就開始，讓孩子習慣在眾人的面前練習說話，而最簡單的就是讓孩子經常有機會說話給爸媽及家人聽，久而久之，在學校的教室裡孩子就會適應說話給眾人聽，將這樣的習慣養成，假以時日，一再練習與修正，一定會越說越好，且越來越願意在眾人面前說話，上台的勇氣自然就有，上台的動機會越來越強。

　　讓孩子可以具體操作練習說話的方式，從生活中來學習最快，透過孩子最為熟悉的事物來入手，快速

且有效率，讓自己試著說出自己的物品，介紹自己喜愛的東西都可以是很棒的策略。

口語表達能力練習教學流程

在此分享我教小一學生介紹自己的鉛筆盒的教學策略及教學流程。

據筆者在教學現場的觀察，每一位小朋友都有一個鉛筆盒，透過讓學生分享自己的鉛筆盒給同學，是一個很棒的教學活動，方便又有趣，非但可以藉此教學生要隨時整理自己的物品，也要養成收納的好習慣，既可以教認知，也可以教養成好的習慣。

在我的教學課堂上，配合教學內容，讓孩子認識文具，在學生認識了課本裡介紹的文字後，我們即進行課堂評量，且延伸補充介紹課本裡沒有提到的文具用品，這時小朋友五花八門的鉛筆盒就是最好的教具，透過讓學生分享鉛筆盒裡有哪些東西，一來可以複習課本裡所學的內容，二來又可以補充課外的文具用品名稱。

另外，又可以藉此機會教導學生良好的生活習慣，隨時整理自己的物品，並且檢查是否鉛筆及橡皮擦等基本的文具都到位了，透過整理物品，管理鉛筆盒，學習簡易的收納概念，為自己的學習負責，並且養成良好的習慣。等到學生都能良好管理自己的鉛筆盒後，再來讓學生試著整理自己的書包，管理自己的書包，搭配聯絡簿來備齊每天該準備的物品。（未來還可以設計整理自己房間的課程，規畫家庭空間擺設等等…）

　　再來，進入到口語表達的教學部分。由於學生對於自己的鉛筆盒再熟悉不過了，因此，藉由課堂教學活動教學生來分享自己的鉛筆盒相當合適，所以我讓學生到台前來說說自己的鉛筆盒裡有什麼東西，每個人都想要看看同學的鉛筆盒裡有哪些東西，在進行這個教學活動時我看到學生的學習動機相當高，學習專注力也高。

　　我將自我介紹結合鉛筆盒裡的內容物介紹，讓學生試著在同學面前練習說話。這樣的進入門檻不高，且每位學生都有鉛筆盒，因此很容易操作，學生也容

易進行同儕學習，從別人的分享來模仿甚至擬定自己的介紹方式，有人仿說，有人用自己的方式來介紹自己的鉛筆盒。

　　先由老師示範如何介紹鉛筆盒，對著同學們說大家好，我是……現在我要介紹我的鉛筆盒，我的鉛筆盒是藍色的（顏色），這是一個塑膠製的（材質）鉛筆盒，在我的鉛筆盒裡有四支（數量）鉛筆，一個橡皮擦，還有一支尺，這就是我的鉛筆盒，謝謝大家。

　　透過這樣簡單容易操作的教學活動，小一學生可以複習已經學過的主題，例如顏色或是數字，也可以藉此增加上台的經驗，更可以讓學生們學習聆聽同學說話的正確態度。

　　在活動中我發現到，學生的口語表達大同小異，有老師示範的內容，更有自己的創意發想，願意與同學們分享自己所擁有的鉛筆盒。且每一位學生都能在講台上順利的完成任務，獲得老師及同學們的掌聲鼓勵，這樣的成功經驗就是學生自信心養成的來源，久而久之，孩子會主動上台分享發表，其他同學們也會習慣老師這樣的教學方式，在課堂中增加聆聽與表達

的學習機會。

從口語表達能力延伸到寫作教學

　　另外，關於後續的延伸教學活動，老師就可以進行提早寫作，讓學生們試著觀察自己的鉛筆盒，做一下簡易的數量統計，最後可以嘗試寫下來，更可以將老師教給學生的好習慣如何養成，例如愛惜自己的鉛筆盒，備妥自己的文具，按時完成作業，做好學習的榜樣等……寫進來，相信有了這樣的學習進程及教學活動，學生在提早寫作時的作品一定可以具備基本的內容及達到作文的雛型。

　　讓學生介紹自己的物品，介紹自己的鉛筆盒，介紹自己的玩具都是練習口語表達很好的方式，從親子互動分享開始，然後在課堂上再次的練習，慢慢地孩子會熟悉在他人面前說話，練習再練習，熟能生巧，一定會表現得越來越好。

　　教孩子學習，養成良好習慣，說話與聆聽都是很重要的學習策略，越早養成，收穫越多，不但學習學

得好，說話能力及口語表達也能變得更好。

　　口語表達能力無法一蹴可幾，如果可以從小養成，那對於孩子的學習一定有相當程度的幫助。

王勝忠老師的說話課
帶領孩子說得更好、更有自信，在課堂中學習，在生活中實踐，全面提升口語表達能力的 40 堂課

作　者／王勝忠

美術編輯／達觀製書坊
責任編輯／twohorses
企畫選書人／賈俊國

總 編 輯／賈俊國
副總編輯／蘇士尹
編　　輯／黃欣
行銷企畫／張莉滎、蕭羽猜、溫于閎

發 行 人／何飛鵬
法律顧問／元禾法律事務所王子文律師
出　　版／布克文化出版事業部
　　　　　台北市中山區民生東路二段 141 號 8 樓
　　　　　電話：(02)2500-7008　傳真：(02)2502-7676
　　　　　Email：sbooker.service@cite.com.tw
發　　行／英屬蓋曼群島商家庭傳媒股份有限公司城邦分公司
　　　　　台北市中山區民生東路二段 141 號 2 樓
　　　　　書虫客服服務專線：(02)2500-7718；2500-7719
　　　　　24 小時傳真專線：(02)2500-1990；2500-1991
　　　　　劃撥帳號：19863813；戶名：書虫股份有限公司
　　　　　讀者服務信箱：service@readingclub.com.tw
香港發行所／城邦（香港）出版集團有限公司
　　　　　香港九龍九龍城土瓜灣道 86 號順聯工業大廈 6 樓 A 室
　　　　　電話：+852-2508-6231　　傳真：+852-2578-9337
　　　　　Email：hkcite@biznetvigator.com
馬新發行所／城邦（馬新）出版集團 Cité (M) Sdn. Bhd.
　　　　　41, Jalan Radin Anum, Bandar Baru Sri Petaling,
　　　　　57000 Kuala Lumpur, Malaysia
　　　　　電話：+603- 9057-8822　　傳真：+603- 9057-6622
　　　　　Email：cite@cite.com.my
印　　刷／韋懋實業有限公司
初　　版／2023 年 11 月
定　　價／380 元
Ｉ Ｓ Ｂ Ｎ／978-626-7337-61-5
Ｅ Ｉ Ｓ Ｂ Ｎ／9786267337622（EPUB）

城邦讀書花園　布克文化
www.cite.com.tw　WWW.SBOOKER.COM.TW